TE DESAFÍO

A DISFRUTAR
EL AMOR

CARLOS CUAUHTÉMOC SÁNCHEZ

TE DESAFÍO

A DISFRUTAR
EL AMOR

DIAMANTE
LA EDITORIAL DE LOS VALORES

ISBN 968-7277-71-8

Derechos reservados:

D.R. © Carlos Cuauhtémoc Sánchez. México, 2007.

D.R. © Ediciones Selectas Diamante, S.A. de C.V. México, 2007.

Libros que transforman vidas.

Mariano Escobedo No. 62, Col. Centro, Tlalnepantla Estado de México, C.P. 54000, Ciudad de México. Miembro núm. 2778 de la Cámara Nacional de la Industria Editorial Mexicana. Tels. y fax: (0155) 55-65-61-20 y 55-65-03-33

Lada sin costo: 01-800-888-9300 EU a México: (011-5255) 55-65-61-20 y 55-65-03-33 Resto del mundo: (0052-55) 55-65-61-20 y 55-65-03-33

Correo electrónico: info1@editorialdiamante.com

ventas@editorialdiamante.com

Diseño de portada y formación: L.D.G. Leticia Domínguez C.

www.editorialdiamante.com

www.carloscuauhtemoc.com

IMPRESO EN MÉXICO / PRINTED IN MEXICO

DESAFÍOS

Hablemos en confianza 7

PRIMERA PARTE - RETOS GENERALES

Primero   Vislumbra tu círculo secreto 13

Segundo   Reconoce el daño a tu intimidad (Φ) 21

Tercero   No permitas que te sigan lastimando (Φ) 35

Cuarto   Declara tu independencia afectiva (Φ) 47

Quinto   Extirpa el tumor (Φ) 59

Sexto   Reconoce el dolor que has causado (Λ) 71

Séptimo   Compensa el agravio (Λ) 83

Octavo   Sé fiel (Λ, Ξ) 95

Noveno   Origina la reconciliación (Ξ) 109

SEGUNDA PARTE - RETOS SEXUALES ESPECÍFICOS PARA CADA GÉNERO Y ESTADO CIVIL

Sólo para hombres casados (Ξ) 123

Sólo para mujeres casadas (Ξ) 139

Sólo para hombres jóvenes solteros (Ξ) 155

Sólo para mujeres jóvenes solteras (Ξ) 171

Somos catalizadores 187

hablemos en confianza

Uno de mis asesores me hizo llegar la siguiente nota después de leer este libro: "el género literario es indefinido, hay reflexión pero no es un ensayo, hay narración, pero no es una novela, recomiendo la reestructuración del estilo". Aunque por lo común llevo a cabo las sugerencias que me hacen, esta vez no pude sujetarme. Preferí dirigirme a ti para decirte que cuanto vas a leer no es un libro tradicional. Su forma está basada en la creencia de que, si autor y lector se esfuerzan, pueden comunicarse de verdad, como lo harían dos compañeros sentados frente a frente. Las hojas impresas que tienes en tus manos funcionan cual la máquina de tiempo que nos ubica en el mismo espacio y lugar. Somos personas con anhelos similares. Por eso nos dimos cita aquí.

Hoy tenemos un propósito:

Hablar sobre amor y sexo.

Lee las siguientes páginas con la confianza de alguien que lejos de buscar ser adoctrinado por un erudito fatuo, desea reflexionar en compañía de su amigo. Como ocurre en todas las buenas charlas, cada participante dirimirá, al final, sus propias conclusiones. Yo no te daré fórmulas mágicas. No existen.

Tú y tu pareja, si la tienes, conforman una entidad única. Por ello (eso sí), te recomiendo que ambos lean el libro y hablen sobre cada tema. Pocas prácticas les serán más fructíferas que charlar abiertamente después de la lectura, para después trabajar en equipo sobre *sus propios* retos.

Porque los libros de amor y sexo no son concluyentes.

Sólo sirven para dar ideas. Por ejemplo: Hace poco leí la obra de un autor a quien admiro. Reconocí en su último trabajo ciertas verdades imposibles de rebatir, pero también identifiqué una estela de amargura. Conforme avanzaba leyendo, pensé: "Alguien que piense así, tiene que haberse divorciado". No tardé mucho en comprobarlo. En el primer tercio del libro, él confesaba abiertamente que se había separado después de quince años de matrimonio y que, aunque muchos de sus clientes lo consideraron un fracasado en esa área, él veía su divorcio como ganancia y oportunidad.

No pretendo criticar a mi colega.

Pero deduzco que al hablar de amor y sexo, todos acabamos justificando nuestra propia historia. Quizá él no se hubiera divorciado de estar casado con mi esposa, y su libro emanaría otro efluvio. ¿Quién sabe?

En mi caso, no sé nada sobre la forma de vivir en una alcoba conyugal con alguien diferente a mi mujer, y por ende sólo puedo escribir sobre cómo ser un buen amante de *ella*. Pero no de tu pareja. (Lo mismo que otro autor únicamente será capaz de convencerte de porqué debes separarte de un cónyuge como el que él tuvo, pero no como el que tú tienes o tendrás).

Así que en cuestiones de amor y sexo, independientemente de los títulos, estudios, logros y credenciales que nos sustenten, los autores siempre argumentamos a favor de nuestra propia trayectoria personal.

¿Cuál es la mía?

Aunque te hablaré de ella a lo largo del libro, voy a adelantarte que después de veintidos años de casado estoy firmemente convencido que es posible hallar la plenitud en el matrimonio.

Aunque mi esposa y yo somos muy diferentes, mucha gente a veces no se explica cómo es que nos casamos. Tampoco nosotros. Lo cierto es que, además de la atracción química explosiva de nuestros cuerpos, nos complementamos mentalmente: lloramos escuchando las mismas canciones y, tomados de la mano, nos sentimos "uno" cada vez que pedimos la protección de Dios; somos socios y cómplices; yo tengo lo que a ella le falta y ella me aporta aquello de lo que carezco. Como dirían Master y Johnson: "Para los hombres y mujeres que básicamente se aceptan y se respetan el uno al otro como seres humanos independientes e iguales, las diferencias pueden ser, antes que una amenaza, un estímulo para el crecimiento"[1]. Ese es el fundamento de este trabajo. De alguna forma, mi esposa y yo lo escribimos. Así, todo lo que leerás te desafiará directamente para que luches, aún más y de verdad, por tu pareja.

Ahora que estamos enfocados, comencemos.

Nos hallamos en el mismo instante y lugar.

Tengo junto a mí un sillón muy cómodo, vacío. Es para ti. Siéntate.

Nota que el área está bastante despejada.

Hace dos semanas terminé de escribir "Te desafío a prosperar" y estos días me he dedicado a poner todo en su lugar. Mi familia lo celebró con música, y mi Princesa me dio una carta diciéndome cuán orgullosa estaba de mí.

---

[1] Masters y Johnson. *El vínculo del placer*. Colección Relaciones Humanas y Sexología. Grijalbo. 1978. Barcelona.

Debe ser muy alentador para una joven ver a su padre aparecer de entre libros y papeles y comprobar que está vivo.

Teofila aprovechó para pasar por aquí y fregar el piso con abrillantador aromático. Lo hace a propósito. Sabe que el olor me mantendrá alejado por un tiempo. Pero esta vez se equivocó.

¡Estamos aquí tú y yo, de nuevo!

PRIMERA PARTE

RETOS GENERALES

vislumbra tu círculo secreto

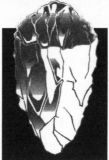

Hablemos de nuestra esencia. Quienes nos conocen, sólo pueden vislumbrar (como en un iceberg), el 15% de lo que somos.

Por debajo de la superficie, tú y yo mantenemos una vida íntima que nos apuntala.

> Secretamente podemos falsificar firmas de documentos, meternos a la bolsa cosas que no nos pertenecen, jugar a la infidelidad, drogarnos, desperdiciar el tiempo… También en secreto podemos trabajar, producir obras creativas, entrenar para competir, ensayar, planear…

Cuanto hacemos en secreto nos define.

Al darle la mano a una persona, no podemos conocer sus prácticas secretas —ni ella adivina las nuestras—, pero todos las tenemos.

La actividad sexual sucede en lo secreto. Va más allá de solaces erógenos; engloba fantasías y anhelos de pareja.

Incluso quienes hicieron votos de abstinencia abrigan sueños amorosos.

Todos practicamos nuestra sexualidad, lícita o no, *en secreto*. Tú lo haces y yo también: Atrancamos la puerta para entregar mente o cuerpo a momentos que no pueden divulgarse. Sólo los actores porno se quitan la ropa frente a la ventana pública. En ello radica su extravagancia. Sin embargo, aunque las personas comunes preferimos privacidad, eventualmente todo lo que hacemos en secreto también sale a la luz. Tácita o explícitamente.

Protegido por su anonimato, un ejecutivo viajero se acuesta con prostitutas, una mujer casada se deja manosear por su entrenador deportivo, un empresario seduce a su asistente, un catedrático tiene relaciones sexuales con su alumno, un líder moral se deleita viendo pornografía… Todos perpetran su disipación creyendo que no serán identificados, pero existe una ley universal: nada secreto quedará sin ser descubierto y todo lo escondido llegará a saberse.

Nuestra vida está sustentada por lo que hacemos *en secreto*.

Y lo escondido, se intuye, se adivina, se sospecha.

La composición primaria de nuestra esencia oculta se amalgama en dos tipos de valores: ***éticos y sexuales***.

Somos seres espiritual y corporalmente fusionados. Tus costumbres íntimas y tus valores caminan de la mano.

Podrías ser rabino, sacerdote, pastor o consejero de multitudes; si en tu habitación secreta, donde se manifiesta la verdad, practicaras una sexualidad discordante a la ideología que profesas en público, serías en realidad un demagogo vacío, un fanático peligroso.

Como fundador de una escuela preescolar y primaria supe de varios casos en los que niños pequeños cambiaban repentinamente de actitud y de perfil psicológico.

Recuerdo en especial a un pequeño de cinco años que de pronto se volvió violento y sucio; inventó juegos agresivos, se bajaba los pantalones y le enseñaba el pene a sus compañeros.

Las niñas le temían.

Él comenzó a levantarles la falda.

Hicimos una junta con sus padres para explicarles el comportamiento del pequeño. Se mostraron alarmados. Ambos eran muy religiosos. Eso no me satisfizo. Hicimos una serie de pruebas psicológicas al pequeño. Mediante tests de proyección descubrimos algunos patrones irregulares en sus dibujos. Los cuerpos de todos los personajes que pintaba estaban siempre rayados; las líneas que los ensuciaban provenían de la nada, como simulando una violenta lluvia cayendo sobre sus cabezas. Al fin después de muchas indagaciones el chico explicó, refiriéndose a uno de sus trazos:

—El niño está mojado.

—¿De qué?

—Pegamento blanco.

—¿Y de dónde viene ese pegamento?

—Del "pirrín" de su papá.

Lo comprendí. Me quedé agarrotado. No pude decir nada durante horas. Estuve encerrado en mi oficina apretando el puño, con lágrimas de rabia en el rostro.

Muchos fanáticos fundamentalistas suelen hablar sobre cómo evitar el "pecado" y las "llamas del infierno" mientras ocultan sus perversiones sexuales detrás del discurso moralizador. ¡Pero la espiritualidad verdadera no se vive en el templo, sino en la intimidad!

Lo más privado (y substancial) de nuestra existencia lo conforman **el sexo y el espíritu.** Si lo que ocurre dentro del cuarto íntimo, al que le ponemos llave cuando entramos, va en contra una sana espiritualidad, nos convertiremos en fariseos modernos (como sepulcros, blanqueados por fuera, pero podridos por dentro).

Según nos enteramos después, ese padre santurrón que abusaba de su hijo, fue también víctima de un terrible abuso físico y sexual cuando fue joven.

Casi siempre sucede.

Uno de mis amigos de la escuela secundaria cayó en una red de pornografía infantil. Participó en sesiones fotográficas y películas clandestinas, y aunque logró escapar de la mafia, se hizo buscador obstinado de lo erótico, seducía a las jóvenes y las persuadía de tener relaciones con él. En varias ocasiones usó sustancias ilegales para excitarlas y forzó a sus novias. Hace poco lo encontré por casualidad. Charlamos. Recordamos viejas historias de la secundaria. Después me confesó:

—¡He lastimado a muchas mujeres! Mi mente se encuentra llena de recuerdos sucios —llevó las manos a su boca para toser, luego prosiguió—. Me casé. En la cama, mi esposa se convierte, lo quiera o no, en la encarnación de los fantasmas que me persiguen. Sufre mucho por causa mía. Ayer, por ejemplo se pintó los labios con lipstick rojo. Nunca lo había hecho. Al besarla, sentí deseos de vomitar. El contacto de mi boca con esa pintura me recordó los labios gruesos de una señora con mal aliento que fue mi amante.

Lastimado por un pornógrafo infantil cuando fue adolescente, tuvo consecuencias indeseables.

Es uno de los principales problemas de los seres humanos:

> El dolor que sufrimos por causas ajenas, nos hace desarrollar conductas disfuncionales y lastimar a personas inocentes.

La agresividad es producto de heridas pasadas.

En los jóvenes, esto resulta evidente.

Dice Dewey Bertolini, refiriendo al Dr. Meier[1]: "Cuando los adultos se deprimen es notorio a leguas que están deprimidos, pero los adolescentes, en lugar de verse tristes, se comportan agresivos, sarcásticos, y hostiles. A causa de la depresión, un joven puede comenzar a robar, mentir, usar drogas, y sobre todo tener intensa actividad sexual."

Siempre hay relación entre el mal recibido y el mal expresado.

Todo a nivel subconsciente...

¿Por qué los índices de divorcios son tan altos y aumentan cada día? ¿Por qué prolifera el maltrato familiar, la violencia sexual y la infidelidad? ¿Por qué anhelamos tanto el amor y el sexo, pero hallamos en ellos nuestros peores contratiempos?

La respuesta está en el **círculo secreto de deterioro afectivo**[2]:

1. Hemos sido lastimados.
2. Hemos activado respuestas de ira y venganza.
3. Caemos en apatía.

---

[1] Dewey Bertolini. *Heridas ocultas llanto silencioso*. Ediciones las Américas. 2002. México.

[2] ®El Círculo secreto de deterioro afectivo no es paráfrasis de ninguna teoría publicada anteriormente ni está inspirada en nociones de otros ideólogos. Es un concepto original del autor de *Te desafío a disfrutar el amor y el sexo*, con reserva de derechos.

La humanidad entera gira dentro de este proceso.

ZONAS DEL CÍRCULO SECRETO[3]

1. Φ (*phi*). **INTIMIDAD DAÑADA:** Sin ser culpables, sufrimos heridas profundas.

2. Λ (*lambda*). **VENGANZA AUTOMÁTICA.** Sin darnos cuenta, realizamos acciones destructivas posteriores.

3. Ξ (*xi*). **APATÍA EXPECTANTE.** Caemos en desánimo esperamos que otro corrija los problemas.

Recibimos más rechazo y todo comienza de nuevo.

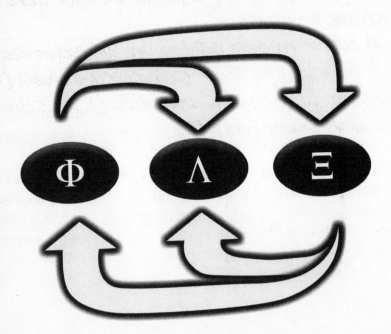

[3]Para cada zona hay una letra griega con significado gráfico consonante a la etapa que representa: Phi (Φ), simboliza la esencia de la persona atravesada por una daga. Lambda (Λ), es una V de venganza invertida. Xi (Ξ), caracteriza la voluntad inmovilizada).

Ahora volvamos a nosotros.

Recapacita.

Φ.- ¿Cuáles son nuestras heridas secretas?

Λ.- ¿De qué forma hemos lastimado a otras personas?

Ξ.- ¿Qué conductas demuestran nuestra apatía?

Mucha gente soberbia se sacude estas preguntas mientras dice: "Yo no me acuerdo de haber sido lastimado. Tampoco he maltratado a nadie, y por supuesto, jamás he tenido depresión por causas amorosas".

Espero que no sea tu caso (el de la soberbia).

Concédeme unos minutos de confianza, y baja la guardia.

TE DESAFÍO...

A enfrentar las preguntas de este libro con actitud entusiasta.

A buscar en cada capítulo una aplicación real.

A enfocarte en sanar tu inocencia dañada (Φ), detener tu venganza automática (Λ) y salir de tu apatía expectante (Ξ).

Nos encontramos ante la puerta de un mundo de ideas que nos permitirá descubrir cosas sorprendentes. Mi promesa es que si te adentras en él, te será de gran utilidad, además de que podrás comprender y ayudar mejor a muchas personas con problemas afectivos.

—¿Entramos?

reconoce el daño a tu intimidad

superando la zona phi (Φ) -intimidad dañada-

Paloma creía tener un nombre irónico, porque siempre se sintió lombriz.

Antes de adquirir pleno uso de conciencia, su padre falleció, y apenas incursionando en los preludios de la juventud, su hermano mayor abusó de ella.

No pudo anticiparlo.

Siempre jugaron pesado. Como juegan los hermanos (se acusaban, empujaban, arrebataban tesoros y correteaban por la casa). En el fondo, Paloma lo admiraba y lo seguía como un prosélito que secunda incondicionalmente a su adalid. Por eso cuando su hermano le pidió permiso para dormir en su cama, aunque le pareció extraño, ella aceptó sin preguntar.

De niños lo hicieron muchas veces, y el único inconveniente del hecho se debió a que ella solía atravesarse y empujarlo hacia la orilla con los pies.

Ahora las cosas eran distintas. Él tenía dieciocho años y ella trece. Ambos habían desarrollado por completo sus caracteres de género.

Aunque Paloma confiaba en su hermano, esa noche lo notó diferente. Él nunca antes la había abrazado así, ni había insistido en acariciarla con ternura. Estaba desconcertada. ¿Dónde se fueron la brusquedad y ramplonería que lo caracterizaban?

Quiso repeler sus apretones, pero él la sujetó con fuerza. Entonces supo que estaba en problemas. Trató de gritar. Él le tapó la boca (era muy fuerte), le exigió callarse, e introdujo las manos a su ropa de cama afranelada, aún con estampados infantiles.

Paloma abrió tanto los ojos que casi se salieron de sus cuencas. Inmóvil y respirando espasmódicamente, vigiló aterrorizada todas las mociones y sacudidas inauditas de su hermano. Por un momento creyó que soñaba. Eso no podía estar sucediendo. El amigo que otrora simulaba ser ladrón para que ella, jugando al policía, lo persiguiera por el jardín, se había convertido de pronto en un auténtico asaltante.

Él arrancó la ropa de Paloma.

Ensayó diferentes espacios y presiones corporales tratando de descifrar el laberinto recóndito del cuerpo femenino, pero no pudo abrirse paso. Aún así, lastimó a su hermanita. La hizo llorar por horas. Por días enteros.

Para no crear barullos, la obligó a guardar el secreto, asegurándole que lo negaría todo y le echaría la culpa a ella si decía algo; Paloma obedeció más por tristeza que por miedo. Estaba desecha. Su único referente de afecto y protección la había apuñalado por la espalda. Se sentía sepultada viva dentro de un sarcófago oscuro en el que no podía moverse. De sus poros emanaba sudor de amargura, estupor de cólera e indignación. Así que cuando su hermano volvió visitarla otra noche, ella se fingió dormida. Sollozó por dentro.

Él, obsesionado frente a la hembra indefensa, como macho primerizo tardó varias noches desentrañando los meandros de aquellas formas. Una cosa era verlas en fotos y videos y otra muy distinta disponer de ellas en la realidad.

Al fin consumó la profanación.

Esa noche, Paloma emitió un grito doloroso. No lo pensó. Fue intuitivo, espontáneo, arrancado desde las profundidades de su alma hecha pedazos.

Como él estaba volando en desmayos convulsivos al momento del alarido, no pudo aterrizar a tiempo para taparle la boca.

Se encendieron las luces de la casa.

—¿Qué ocurre? ¿Quién anda ahí? Paloma, ¿estás bien? La madre irrumpió en la habitación de la niña y descubrió a su hijo desnudo, aún con erección meridiana, tratando de esconderse. La escena era soez y no ameritaba elucidaciones. Lo azuzó como quien fustiga a un potro verraco que se ha saltado las trancas, obligándolo a regresar a su cuadril. Luego, ella misma desapareció para lamentarse a solas.

No consoló a Paloma. No le explicó lo inexplicable. No la llevó con un terapeuta ni con un entendido de la conducta aberrante. Sólo hizo los arreglos necesarios para enviar a su hijo mayor a un internado.

Así solucionó el problema.

El caso quedó cerrado y con el mazazo de la madre terminó de partirse en dos el corazón de la hija. Paloma comprendió un mensaje silencioso: ella no era importante, no valía nada, no era digna de una curación.

La ignominia y la falta de alivio la llevaron a dejar de comer. Sentía tal desprecio por ella misma que desarrolló una anorexia casi mortal. Se salvó apenas.

Su madre llamaba al primogénito por teléfono y lo saludaba como si nada hubiera sucedido.

Paloma es sólo un ejemplo.

Las estadísticas presumibles de violencia sexual en las familias son abrumadoras.

¿Cuántos padres, padrastros, hermanos, primos, tíos o conocidos han aprovechado su posición de fortaleza para quebrantar la intimidad sexual de niños y adolescentes?

Quizá ni tú ni yo conocimos extremos así, pero el abuso sexual no sólo se da en la violación. Puede ser algo muy sutil. Piensa: Siendo niño o niña ¿alguna persona adulta te tocó en tus partes íntimas? ¿Te acarició sobre la ropa? ¿Te mostró pornografía? ¿Se exhibió desnudo frente a ti? ¿Te contó historias obscenas? ¿Te pidió que lo acariciaras?

¿El maltrato íntimo, pequeño o grave que pudiste sufrir se complicó con otros sinsabores? Así le ocurrió a Paloma.

Ella escribió esta nota:

A veces soñaba que mi hermano mayor me tocaba.

Despertaba gritando.

Superé la anorexia, pero nunca me recuperé por completo del abuso sexual.

Mamá se volvió a casar. Su nuevo esposo tomaba mucho. Casi siempre andaba borracho y me hacía insinuaciones obscenas.

Como mamá se dio cuenta, me mandó a vivir lejos, con Lola, la tía abuela. Dijo que lo hizo por protegerme. Yo creo que quería deshacerse de mí.

Me sentí abandonada. Lola vivía en una casucha paupérrima y sórdida.

Mi padrastro era alcohólico y fumaba marihuana. Mamá comenzó a imitarlo. Los encontraba en las fiestas. Me daba mucha vergüenza ver las escenas que ella hacía cuando estaba "pasada". Decía chistes ridículos y bailaba de forma grotesca.

Una noche mi padrastro, manejando ebrio, tuvo un accidente

de tránsito y falleció. Entonces mi mamá, viuda por segunda vez, se vino a vivir con mi tía abuela y conmigo. Pero se la pasaba borracha.

La casa de mi tía Lola se volvió un infierno, pues en cualquier momento nos caían los insultos y gritos horribles de mi madre. A veces yo la llevaba a la cama y le quitaba los zapatos para que se recuperara. Y, por supuesto, a mí me tocaba limpiar cuando vomitaba.

Supe que mi hermano se escapó del internado. Durante años tuve miedo de que regresara, pero el día en que mamá sufrió una sobredosis, me lamenté mucho de no tener a nadie cerca que me ayudara.

El alcohol es elemento predominante en la zona phi (Φ).

Quizá has sufrido heridas secretas por los efectos indirectos de esta droga legal.

El alcohol está presente en la aplastante mayoría de divorcios, accidentes automovilísticos, violaciones, incestos, adulterios, maltratos a hijos y golpizas a esposas. En principio, las relaciones afectivas parecen beneficiarse con los efectos relajantes del alcohol, pero a la larga siempre se contaminan. El alcohol modifica el comportamiento de quien lo consume y ocasiona profundos menoscabos a la intimidad de sus seres queridos.

¿Sabes lo que es lidiar con una persona que se hace daño a sí misma ingiriendo sustancias adictivas?, ¿tratar de tapar los hoyos que va haciendo y apagar los incendios que provoca?

¿Alguna vez sobrellevaste el carácter áspero, las mentiras, las escenas de mártir y las amenazas de una persona viciosa?

¿Conoces lo que significa discutir con un adicto egoísta, soberbio, incapaz de reconocer sus errores, y dispuesto a jurar que eres tú quien tiene la culpa de todo lo malo que sucede en casa?

¿Sufriste abandono, rechazo, desprecio o desamparo?

¿Creciste en un ambiente en el que tus sentimientos no importaban y en ocasiones te sentías un estorbo?

¿Te viste en la necesidad de consolar a padres o tutores ineptos, o ayudarlos a resolver problemas de adultos?

¿Tuviste quizá la desventura de sufrir otro tipo de heridas aún más graves? ¡Porque las hay!

A pocos kilómetros de distancia, al mismo tiempo, sucedía otro drama...

Era la casa de Giovanni Ulloa.

Un jovencito de doce años.

Estaba sentado frente al televisor viendo dibujos animados, cuando percibió las vocinglerías. Su madre pedía auxilio y el Ramsés ladraba enloquecido tratando de zafarse de la soga que lo aprisionaba al fresno del traspatio.

Giovanni botó el pastelito que estaba comiendo y corrió en dirección a los ruidos.

Provenían de la cocina.

Para él, la escena de violencia más terrorífica jamás filmada hubiera sido un cuento de hadas frente a los actos atroces que descubrió.

Su padre, con los ojos salientes por una rabia indecible, daba puñetazos a su madre. Ella, tirada en el suelo, intentaba protegerse con las manos.

—¿Por qué le pegas?

—¡Es una ingrata! Solapa las estupideces de tu hermano Toño.

Toño, junto a la estufa, temblaba. Era un joven gordito, de lentes. Se había orinado en los pantalones. Giovanni, más atlético, quiso interponerse.

—¡Ya déjala!

Su padre se volvió hacia él y lo azotó con saña. La mujer sangrante trató de incorporarse a medias para gritar:

—Cobarde. ¡No le pegues al niño!

El sañudo gandul, agrandado por su evidente superioridad física frente a dos niños y una mujer, repartió bofetones. Ella cayó desvanecida. Toño salió corriendo. Giovanni, inmovilizado de pavor, observó cómo su padre seguía pateando a su madre, inconsciente.

Entonces llegó el Ramsés.

Toño lo había desatado.

Saltó como fiera de caza sobre el cuello del ofensor. Hombre y can se enfrascaron en una lucha sin par. Gritos, gruñidos, ladridos, blasfemias, mordidas, puñetes. Giovanni tapó sus oídos y perdió el sentido del tiempo. Cayó en un agujero que daba vueltas.

Alguien lo sacudió por los hombros.

Era la vecina. Estaba acompañada de dos policías. Su madre seguía en el suelo. Sangraba por nariz y boca. El perro herido, echado junto a ella. Todos requirieron atención médica de urgencia. También el perro. Pero Toño se escapó. Nadie volvió a saber de él por muchos meses.

La policía detuvo al padre maltratador.

Como el Ramsés no podía testificar, Giovanni fue llamado a la corte para que corroborara los datos. Era imprescindible la declaración de un testigo. Sin ella, resultaba imposible encerrar en la cárcel al golpeador. Pero el padre de Giovanni tenía un control absoluto sobre él. Apenas estuvieron en la misma sala, frente al juez, amenazó al chiquillo con palabras suaves:

—Giovanni, más te vale que digas la verdad. Mírame a los ojos. ¿Estás seguro que le pegué a tu madre? ¡No vayas a equivocarte en lo que dices!

Era la única ocasión factible para desenmascarar al desgraciado.

El niño no tuvo valor.

Sin su declaración, lo dejaron libre.

Regresó a casa y durante varias semanas no golpeó a su madre.

Giovanni dormía abrazado al Ramsés.

El perro se convirtió en su único fiel amigo, pero una tarde al volver de la escuela lo encontró colgado del fresno. Su padre lo había ahorcado.

La historia de este niño es extremadamente dramática.

Aunque contiene destellos de una realidad punzante.

A muchos nos ha ocurrido algo similar, tal vez en menor grado.

Piensa.

¿Tu padre o madre te castigaron injustamente? ¿Te pegaron con un palo, un cinturón, un zapato, un cable? ¿Te abofetearon? ¿Presenciaste cómo lastimaron a una mascota tuya o a un familiar a quien amabas? ¿Lloraste después a solas, en la oscuridad de tu cuarto, con el corazón destrozado? ¿Sabes lo que es sentir la impotencia e indignación por un trato injusto por parte de quien se supone que debería protegerte?

O tal vez el maltrato que sufriste no llegó a los golpes, pero...

¿Te impusieron responsabilidades que no correspondían a tu edad?

¿Tus padres elogiaban las cualidades de otros niños frente a ti?

¿Te hicieron sentir lástima, culpa o ignorancia continuamente?

¿Dejaban de hablarte por largo tiempo? (la "ley del hielo" es uno de los maltratos psicológicos más crueles y comunes en las familias).

En resumen, de alguna forma ¿fuiste víctima de adultos histéricos?

Giovanni sí.

Porque sus problemas continuaron.

Él nunca quiso escribir (como Paloma), sus recuerdos, pero era bueno para relatarlos verbalmente:

El asesor legal que le asignaron a mi madre le explicó su adicción a las relaciones destructivas y ella entendió *parcialmente* porque, aunque aceptó levantar cargos contra papá y divorciarse de él, se enamoró de su asesor legal.

Cuando Toño regresó a casa y mamá nos preguntó si aceptaríamos a su abogado como el líder familiar que tanto necesitábamos, le dijimos que sí. Al menos hablaba bonito, nos daba consejos y traía regalos cuando volvía de sus viajes.

Una noche nos explicó que, como él también se había divorciado y era testigo de muchos divorcios cada mes, prefería no mancillar nuestra unión familiar con documentos que nadie respetaba. Insistió en que lo único importante era el amor. Nos parecieron palabras inteligentes.

Pero el abogadete sacó poco a poco su personalidad dominante. Era excesivamente celoso. Espiaba a mamá a todas horas. Incluso contrataba investigadores para que la siguieran. Dejó de traernos regalos al volver de sus viajes y, cuando llegaba, le exigía a mi madre que detallara minuto a minuto dónde había estado y con quién. Eso nos molestaba mucho a Toño y a mí, así que quisimos darle una cucharada de su propia medicina y decidimos espiarlo.

Lástima que mi perro Ramsés ya había muerto cuando descubrimos que era un farsante. El tipo tenía otra familia. Nunca salía de viaje. En realidad iba a dormir con su mujer y con sus hijos. ¡Mamá era sólo su amante! Las escenas de celos que hacía no eran más que una pantalla para ocultar su doble vida.

Cuando se lo dijimos a mamá se sintió furiosa. No lo dejó volver a entrar a la casa. Luego cayó en depresión. A mi hermano y a mí, también nos hizo una enorme herida sufrir el desengaño de aquel segundo padre. Perdimos la última pizca de fe que teníamos en la raza humana. Ahí comenzó nuestra verdadera degradación.

La infidelidad es una herida devastadora.

Resulta tan dolorosa que sus efectos en la mente de la persona engañada son similares a los que causa una violación.

¿Sabes de lo que hablo?

¿Alguna vez fuiste víctima de una infidelidad, o presenciaste el sufrimiento que le causó a alguien que amabas?

¿De qué forma se dañó tu inocencia?

La madre de Giovanni se entregó por amor a dos hombres que parecían sanos. El primero la maltrató, el segundo la engañó. Fue gravemente estafada en sus expectativas de recibir amor y seguridad.

Sus hijos, también.

¿Tal vez te pasó algo similar?

¿Siendo una persona madura brindaste tu confianza a alguien que te decepcionó?

¿Creíste en el amor y te entregaste con la fe de haber hallado a un ser humano especial, para después retractarte?

Cualquiera que haya sido el origen de tu herida, es seguro que sus efectos han trascendido hasta el presente. Quizá incluso perjudicando a la pareja que elegiste.

Y es que los estambres emocionales de dos personas suelen enmarañarse formando madejas imposibles de desenredar.

Paloma y Giovanni nunca debieron casarse.

Pero nadie se los dijo.

Su matrimonio se volvió un infierno.

Más adelante te contaré porqué.

Por lo pronto, voy a tomarme el atrevimiento de preguntar:

¿Cuál es tu secreto?

Quizá las cicatrices más hondas de tu corazón tienen su origen en un episodio lejano. Es factible incluso que lo hayas olvidado. Pero siéntate por un rato y haz memoria. Muchas cosas comenzarán a cambiar en tu presente cuando recuerdes tu pasado.

Repasemos.

LAS 5 FORMAS DE SUFRIR HERIDAS

Nuestra intimidad puede dañarse de cinco maneras:
1. ABUSO/ACOSO SEXUAL.
2. Actos por ALCOHOL O DROGAS.
3. MALTRATO FÍSICO.
4. INFIDELIDAD.
5. MALTRATO EMOCIONAL.

Las primeras cuatro vías son fáciles de identificar; la última es engañosa. Así aclaremos. Se considera maltrato emocional:

a. Humillar. Insultar. Callar a la persona cuando intenta expresarse. Hacerle bromas ofensivas. Burlarse de ella.

b. Ignorar. Aplicarle a la persona la "ley del hielo". Poner la música o la tele a todo volumen para no hablarle; no saludarla ni despedirse de ella, actuar como si no existiera.

c. Intimidar. Amenazarla. Infundirle temor. Decirle que es ignorante, idiota, incompetente, culpable, feo (a).

---

d. Compararla. Hacerla sentir menos, elogiando a alguien supuestamente "superior".

e. Usar el dinero para despreciar. Decirle "el que paga manda". Burlarse de que gana menos. Poner el negocio o bienes materiales a nombre de otras personas menos cercanas. Desconfiar de ella. Hacerla sentir "ladrona".

f. Privar de la libertad. Encerrar, prohibir llamadas, visitas, salidas, orillar a la soledad.

g. Mentir. Incumplir promesas. Mostrar falsedad, incoherencia.

h. Lastimar a otro ser, a quien la persona ama.

i. Gritar.

Como puedes ver, todos hemos sido maltratados por alguien.

Algunos más que otros.

Cualquiera que sea el tipo de heridas que hayas sufrido, todas ellas producen siempre una lesión secundaria, pero no menos importante: BAJA AUTOESTIMA

De modo que:

TE DESAFÍO...
A que realices una pausa en la lectura, cierres los ojos y revises tu intimidad.
A identificar los errores que otras personas cometieron en tu detrimento.
A examinar tus daños secretos.
A exteriorizarlos.

A describirlos en voz alta; traducirlos en palabras.

A vislumbrar cómo se ha perjudicado tu vida afectiva actual por causa de viejas heridas (tuyas y de tu pareja).

La intimidad dañada (Φ) es un foco de infección.

Contamina nuestra vida y a la gente que amamos.

Debemos limpiar las heridas de raíz.

¿Pero cómo se hace eso en términos prácticos?

Terapeutas, consejeros y especialistas de la conducta humana coinciden en que para sanar una herida secreta debemos desligarnos del pasado, saldar los montos pendientes, hacer borrón y cuenta nueva, comenzar desde cero. En otras palabras: perdonar al agresor…

Aunque el concepto es cierto, ha sido tan usado que muchos lo consideran un cliché casi caduco. Decirlo sin análisis suena incluso irracional.

¿Perdonar a un violador? ¿A un secuestrador? ¿A un asesino? ¿A un familiar violento y abusivo? ¿Es eso posible? ¿Es sano? ¿Sirve de algo?

La respuesta a todas las preguntas es "**sí**", *siempre y cuando* se cumplan determinadas condiciones…

no permitas que te sigan lastimando

superando la zona phi (Φ) -intimidad dañada-

Si has sido víctima de insultos, desprecios, malos tratos, abusos, golpes o mentiras, no puedes perdonar hasta que se hayan cumplido algunas condiciones.

Lo dije en un seminario sobre dignidad:

—Perdonar a un agresor mayor o reincidente activo es *tontería*.

Una señora objetó:

—Mi esposo me engaña con otra mujer, pero yo he recibido *siempre* la misma recomendación del sacerdote: "Perdónalo, hija".

—Pues cambie de sacerdote —respondí.

Alguien más gritó desde el fondo del salón:

—O de marido.

Todos reímos. Después comenté:

—Un abusador **activo**, (que le hace daño grave *ahora*), no es digno de su perdón.

—¡Pero a mí me enseñaron que debo dar la otra mejilla y amar a mis enemigos! Incluso cuando Jesús estaba siendo crucificado dijo: "Padre, perdónalos porque no saben lo que hacen".

Había más de trescientas mujeres en el auditorio. La señora que interrumpió se hallaba de veras confundida con el tema.

Le contesté en sus mismos términos:

—La premisa básica del perdón en la Biblia se basa en este versículo: "Debemos perdonar a otros tal como Dios lo hace con nosotros". ¿Y cómo lo hace él? *Si confesamos nuestros pecados*, él nos perdona... Dice Gary Chapman: "Ni en el Antiguo ni en el Nuevo Testamento hay indicación alguna de que Dios perdone los pecados de la gente que no los confiesa y se arrepiente de ellos. Si alguien alienta a una esposa para que perdone a su marido infiel o maltratador *activo*, está pidiéndole a esa pobre mujer algo que Dios mismo *no le pide*".[1] En la cruz, Jesús no estaba perdonando a sus verdugos, sino mostrando compasión al desear que Dios Padre los perdonara. Abogó por ellos en el entendido de que eran ignorantes de sus actos. La excepción a la que él aludió no es una regla para usted, pues quien la lastima hoy, *sí* sabe lo que está haciendo... Si usted intenta perdonar al malvado *activo*, su intimidad se dañará aún más (Φ), generará una mayor venganza automática (Λ) y caerá en una depresión aguda (Ξ).

—¿Eso significa que no debo perdonar a mi marido?

—Imagine a un asaltante o a un violador que llega a su casa, toma a sus hijas y las amenaza con un cuchillo. ¿Sería capaz de decirle en ese instante, "te perdono por lo que estás haciendo"?

—Por supuesto que no.

---

[1] Gary Chapman y Jennifer Thomas. *Los 5 lenguajes de la disculpa.* Tyndale House publishers. 2007. USA.

—Alguien que arremete contra usted *es su enemigo*. La actitud que debe tener hacia él es de guerra estratégica, no de absolución. Ahora bien, ¿qué sucedería si ese agresor pasara a un plano en el que no pudiera hacerle daño? Entonces usted debería perdonarlo, *para liberarse de él* y no seguir escuchando su voz en la noche ni soñando con el filo de su navaja en la garganta.

Perdonar es un acto de autoprotección y libertad.

Así que te conviene.

Cuando perdonamos, somos nosotros quienes recibimos el beneficio directo.

Por nuestra propia salud mental, en *todos* los casos debemos perdonar, pero no en todos los momentos.

Se requieren ciertas condiciones.

¿Y si no están dadas?

Entonces ¡propiciémoslas!

Hay tres condiciones en las que podemos perdonar ofensas graves; todas ellas llevan implícita una premisa:

> Que el agresor no pueda o no quiera volver a hacernos daño.

Esto ocurre:

> 1. Cuando *se ha arrepentido* y ha prometido no reincidir.
> 2. Cuando *vive lejos*.
> 3. Cuando *ha muerto*.

La única que no podemos ocasionar es la tercera.

(Resulta risible aclararlo; me recuerda ese viejo chiste tonto del hombre que dijo: "Estuve a punto de atropellar a mi suegra", su amigo le preguntó "¿te fallaron los frenos?" Y él contestó: "No, el acelerador").

Aunque a veces hayas pensado que te gustaría ver a tu verdugo en la tumba, ni siquiera fantasees con la idea. Te sumiría en un calabozo mucho más profundo. Si el agresor fallece o se perjudica de alguna manera, que sea por circunstancias ajenas a ti.

Así que el cuadro de opciones se reduce sólo a *dos* y (si estamos hablando de una persona a quien amas), la primera es la más deseable.

> Haz que tu ser querido se arrepienta y prometa no volver a lastimarte.

¿Cómo?
Para empezar:

Expresa tu molestia detallada y claramente.

Después exige una disculpa.

Al principio del matrimonio entre Paloma y Giovanni, las cosas no iban tan mal.

Ella era una mujer valiente que luchaba por su hogar, pero Giovanni fallaba demasiado.

Lee esta carta que Paloma le escribió a su marido para exigirle respeto en circunstancias específicas.

Giovanni:
Hoy, sábado, pretendía ir a comprarle un vestido a mi madre. Tuve que ocultarte que saldría con ella porque a ti no te agrada que yo "pierda el tiempo".

Le hablé por teléfono a mamá para que estuviera lista y tú (no sé si por error como dijiste) levantaste el auricular de la extensión y escuchaste nuestra charla. Entonces, apareciste frente a mí como energúmeno para gritarme que debo ayudarte en la administración de la casa y los papeles, y me prohibiste que saliera. Después me diste la espalda, furioso.

No tengo que recordarte cómo ha sufrido mi madre. Cuando fue dada de alta del hospital no me permitiste tenerla con nosotros ni un solo día. Ella estaba anémica y sola. Le mandaste dinero, pero no suficiente. Por eso busqué empleo en una agencia de viajes. Trabajo para poder ayudarla. También tengo derecho a verla.

¡Estoy cansándome de que me lo impidas!

Tú le regalaste una casa a tu madre y, cuando quieres, la vas a ver sin avisarme. ¿Por qué yo no puedo comprarle un vestido a la mía y salir a desayunar con ella cuando se me antoje?

Giovanni, mi trabajo es agobiante. Para que te enteres, no paro de hacer cosas desde las 6:00 de la mañana hasta las 12:00 de la noche… Tú no te das cuenta, pero con frecuencia duermo muy poco porque a Luisita le dio fiebre, tuvo dolor de garganta o tenía pesadillas; antes de dormir, trabajo medio tiempo, levanto la cocina, arreglo el material escolar de la niña, hago la lista de pendientes, cierro las puertas de la casa… Tú, mientras tanto, miras las sagradas noticias frente al televisor. Llego muerta a la recámara y, no importando si me duele de verdad la cabeza, debo mostrarme sensual cuando apareces.

Sabes que aunque me cuesta trabajo tener intimidad contigo; hago todo mi esfuerzo por olvidar mis traumas pasados y cumplirte como mujer. No te das cuenta de la forma en que lucho por nuestra hija y por ti, pero ¡no soy tu esclava! Soy tu esposa. Te amo y te pido que me demuestres comprensión.

Quizá no debería escribir esta carta, porque estoy enojada y se supone que en estos momentos me convendría contar hasta diez y salir a caminar para tranquilizarme, sin embargo te escribo con esperanza de que me escuches y me ayudes, pues siento que, como hombre, me estás fallando.

Aunque Giovanni era un sujeto recio, tenía buen corazón. Precisó leer dos veces la carta de su esposa antes de levantarse de la silla.

Fue hacia ella y le dijo:

—Ni siquiera me había dado cuenta de que te lastimé. ¿Qué puedo hacer por ti? ¿Invitamos a tu mamá a cenar esta noche?

Ella rio y lo abrazó.

Aprende a expresarte con claridad, sin enojarte.

Esas cartas que a veces escribes sólo como desahogo (y después rompes), deberían ser leídas por las personas a quienes iban dirigidas.

¿Cómo va a enterarse tu ser querido de cuanto piensas o sientes si no se lo dices?

¡Habla con claridad! Dilo, escríbelo, cántalo, manifiéstalo, exteriorízalo.

Pero ten cuidado. No lo hagas de forma violenta. No actúes por impulso ni uses las palabras a manera de venganza.

¿Cómo crees que hubiese terminado la escena si la esposa de Giovanni hubiese llegado frente a él arrojándole las llaves del auto y diciendo?:

—Toma, desgraciado. Voy a quedarme a trabajar contigo, tal y como quieres. No debiste casarte con una mujer; hubieras comprado una esclava. Encima de que hago mil cosas en la casa que no valoras, debo soportar que me espíes y me prohíbas ver a mi mamá. ¡Aquí me tienes, miserable!

El mensaje hubiera sido similar, pero el resultado, diametralmente opuesto.

La forma de explicar nuestro sentir hace toda la diferencia.

Usa razonamientos. No groserías.

En muchas ocasiones los problemas afectivos comienzan y terminan en nuestra incapacidad para comunicarnos.

No te quedes con la furia ni digas "ya se me pasará". Tampoco arremetas contra tu ser amado lanzándole cuchillos verbales. Tú eres más inteligente que eso.

Si alguien te ha lastimado, no lo tomes a la ligera.

Bajar la cabeza con mansedumbre cuando recibes insultos *sienta precedentes* en tu perjuicio.

Al permitir humillaciones, se establece y acepta la consigna de que el ofensor puede volver a rebajarte de la misma forma cuando se le antoje.

Dale la importancia que requiere a la ofensa que sufriste, exige un tiempo de calidad (sin prisas) para que puedas expresarte.

¿A qué le tienes miedo?

Lo peor que puede pasar es que nada cambie; sin embargo, probablemente la persona que amas reflexione y te pida disculpas después de oírte explicar tu molestia con argumentos contundentes.

No necesitas tener maestría en oratoria. Sólo dignidad y convencimiento para exigir que te traten con respeto.

Voy a darte otro ejemplo de una esposa (la mía) que también ha educado a su marido (yo).

Era la hora de ir a dormir.

Me recosté junto a mi hijo de doce años para despedirme de él. Entonces vi una sombra amenazante sobre nuestras cabezas. Si esa cosa se caía podía matarnos.

Meses atrás, él y yo rentamos un barco de pesca deportiva en el Océano Pacífico. Después de varias horas, enganchamos al señuelo un pez vela y luchamos contra él a brazo partido. Lo acercamos al barco para verlo, creyendo que estaba agotado, pero el animal comenzó a dar coletazos y golpes peligrosísimos con su espada. Entonces los tripulantes tuvieron que sacrificarlo. Era hermoso, de enorme aleta azulada y pico magnífico. Medía casi tres metros de longitud.

—Con este ejemplar —nos dijo el marino—, hubiéramos podido ganar el torneo internacional de pesca el año pasado.

—Aja… —contesté con una mezcla de emociones contradictorias mientras acariciaba el pescado que colgaba de un enorme mástil.

Lo mandamos disecar.

Dos meses después llegó a la casa envuelto en rollos de hule espuma. Tenía un bastidor de madera que pesaba casi treinta kilos. Lo colgué en la recámara de mi hijo.

Aquella noche lo vi sobre nuestras cabezas y pensé que sería una terrible broma del destino que nos cayera encima. Así que lo descolgamos para inspeccionar las armellas. Fue difícil. Ivonne, mi esposa, llegó en ese momento a la habitación.

—¿Qué hacen?

—Revisando si está bien seguro.

Flotaron briznas de polvo. Ella corrió por un trapo húmedo para sacudir el trofeo. En cuanto llegó, quiso ayudarnos a sostenerlo mientras lo limpiaba, pero fue muy brusca. Nos desequilibró. El ejemplar se fue de pico. Apenas alcancé a sostenerlo. Su bella espada se clavó en la alfombra y se dobló.

—¡Enderézalo!

Ella soltó la cola del pescado y fue hacia adelante para levantarlo por la punta.

—¡No seas tonta! —dije—. ¡Lo vas a romper!

—Quiero ayudar.

—¡Pero fíjate como lo haces!

La crisis pasó. (Ese animal nunca debió salir del océano). Revisé las armellas y volví a colgarlo.

Más tarde, me dispuse a descansar. Estaba en el vestidor de la recámara poniéndome el pijama cuando apareció Ivonne. Se paró frente a mí.

—¿Qué tienes? —le pregunté.

—Estoy muy molesta contigo.

—¿Por qué?

—Me insultaste.

—¿Cuando? —de verdad no sabía de lo que me estaba hablando.

—Hace unos minutos. Me gritaste *tonta*.

—¡Estuviste a punto de romper el pico del pez vela!

—Cometí un error, pero no te falté al respeto. Tú sí. En una empresa es terrible oír la queja de un cliente insatisfecho, pero cuando te hablan con energía y cortesía a la vez, no te queda otro remedio que escuchar.

—Mi amor, estás exagerando.

—No, Carlos. Van varias veces esta semana que, aunque no usas esos adjetivos, volteas los ojos, resoplas, y me hablas como si fuera *tonta*.

—No me doy cuenta.

—Es cierto. Por eso te lo digo. Me lastimas.

—Procuraré que no vuelva a suceder.

—Decir eso es insuficiente.

—Lo entiendo, pero ya te dije que intentaré no volver a hablarte así.

—¿Intentarás? Así no reparas el daño. Imagínate que hubiera sido la subdirectora de tu empresa quien hubiera empujado esa cosa sin querer. ¿La habrías insultado? O por el contrario, le hubieras dicho: "licenciada, por favor, ¿puede usted enderezar este pescado para evitar que se dañe?"

Mi esposa tenía razón. La miré en silencio y después solté una carcajada. Imaginé a la ejecutiva de mi empresa cometiendo ese error y a mí reaccionando con toda cortesía.

No pudo darme un mejor ejemplo. Quise abrazarla, pero ella levantó las manos para impedirlo.

—No acepto que me abraces si no te disculpas —hablaba en serio.

Ella deseaba hacer las paces, sólo que antes tenía que moverme al remordimiento. Lo logró. Agaché la vista.

—Estoy arrepentido de lo que hice.

Me miró unos segundos sin contestar, como evaluando si había logrado su objetivo.

—Perdóname —repetí—. Lo siento de veras.

—Nuestro hijo escuchó todo. Se durmió pensando en que podrá tratar así a su esposa en el futuro…

—Tienes razón. Mañana hablaré con él.

—De acuerdo. Te perdono.

Entonces me permitió abrazarla. Sin embargo, yo no estaba del todo satisfecho. Algo dentro de mí aún me incomodaba. Sabía lo que debía hacer. ¡Pero no quería! ¡Qué vergüenza!

Ivonne me había sacado de mi trinchera para ponerme en el terreno del arrepentimiento genuino. Le pedí que me acompañara hasta el cuarto de nuestro pequeño.

Ya estaba dormido. Lo desperté.

—¿Qué pasa?

—No quiero que te duermas pensando en que debes tratar a tu esposa como viste que traté a tu madre. Le dije *tonta*. No estuvo bien. Quiero pedirle perdón a ella, en frente de ti.

—De acuerdo —volvió a abrazar su almohada y cerró los ojos.

Me cuesta mucho trabajo reconocer mis errores. Pero me ayuda cuando, de forma calmada y clara, mis seres queridos los señalan. Aunque ellos merecen mis disculpas, ¿cómo voy a dárselas si a veces ni siquiera pienso que los lastimé?

TE DESAFÍO...

A no considerar como "normales" los malos tratos hacia ti.

A protestar por ellos calmada y claramente.

A exigir, con argumentos sólidos, una disculpa.

A perdonar a tu ser querido que se arrepintió genuinamente.

A mantener tus relaciones afectivas y sexuales en un plano de respeto mutuo.

Tú puedes hacer reaccionar al maltratador.

Aun cuando no seas la víctima directa.

Giovanni había estado de mal humor, tratando mal a Paloma. Después de una fiesta en la que fue especialmente agresivo con ella, camino a casa, en el automóvil, siguió amonestándola con rudeza. Sus palabras eran hirientes e injustas. Paloma se puso a llorar.

Luisita, su hija de ocho años iba en el asiento de atrás, paralizada. Era una niña lista, madura, de excelentes calificaciones, intuitiva y obsesionada con el peligro latente del divorcio de sus padres.

Se agachó y comenzó a hablar en silencio. Necesitaba defender a su madre, pero debía ensayar un discurso. Después de varios minutos, levantó la cara y adelantó su cuerpecito delgado entre los dos asientos delanteros.

—Papito ¿puedo decirte algo?

—Sí.

La mente se le bloqueó. Todo su discurso se esfumó. Cerró los ojos y dijo:

—*No es justo que le hables así a mamá* —hizo una pausa; el fantasma del temor le apretaba el cuello—. *Ella también tiene sentimientos...*

Textualmente dijo sólo esas dos frases. Era demasiado abrumador para la niña corregir a su padre. Parecía como si pulgarcita tratara de convencer al gigante de que no se la comiera.

Lo que Luisa dijo fue un mal discurso. Ni siquiera expresó remotamente todo lo que había en su corazón, pero el mensaje llegó a su papá suficientemente detallado y claro.

El hombre soltó el volante con una mano y le acarició la cabeza a su niña. Luego le pidió perdón a Paloma...

¡Para expresar tu molestia no necesitas maestría en comunicación! Necesitas sinceridad, nobleza y razonamientos claros. Si alguien te hiere, díselo. Habla.

Y si el cambio de tu ser querido tarda, no te desesperes. Casi nunca es inmediato. Por desgracia, educar a un maltratador es un proceso largo. A veces se convierte en una forma de vida. No bajes la guardia. El progreso paulatino será cada vez más notorio.

¿Pero si, de plano, no te escucha?

Existen casos...

A veces, digas lo que digas, resulta imposible corregir a los ofensores, porque son demasiado arrogantes y están cerrados por completo...

Entonces sólo nos queda la "opción B". El siguiente desafío.

declara tu independencia afectiva

superando la zona phi (Φ) -intimidad dañada-

Me agradaba Paloma porque, al igual que yo, halló una válvula de escape para su presión interna, escribiendo. No era buena hablando con la gente. Tampoco con su marido. Pero sabía escribir. Me extraña que no haya publicado ningún libro.

Ella coleccionaba apuntes desde su juventud. Entre todas las notas antiguas que me permitió leer, elegí cinco párrafos representativos.

1

Toño trabajaba en la cruz roja. Era un asistente amable. Atendió a mi madre cuando cayó en sobredosis de alcohol y droga. Gracias a Toño, mamá pudo ser trasladada al mejor hospital público de rehabilitación. Toño tenía contactos. Era un joven simpático, un poco pasado de peso, de anteojos rectangulares y mirada diáfana. Se preocupaba por las personas que sufrían. Se preocupó por mí. Y yo me enamoré de él. Nos hicimos novios. Fue el primer hombre que me trató bien en la vida, pero era tímido e inseguro, y yo necesitaba alguien que me protegiera. No quería convertirme en la mamá de mi marido. Anhelaba un compañero fuerte a mi lado capaz de defenderme y de luchar por mí. Entonces conocí a su hermano, Giovanni. Él era distinto. Atlético. Fornido. De elegancia enigmática y socialmente victorioso. Dejé al bonachón de Toño, a quien amaba para casarme con el super enérgico de Giovanni. Nuca debí hacerlo. Fue el peor error que cometí en mi vida.

2

Giovanni y yo tenemos ya 10 años de casados. Él es director de un importante hotel. Aunque la gente lo admira, debajo de su apostura, actúa motivado por las emociones violentas que aprendió de su padre golpeador (asesino de perros) y de su padrastro adúltero (asesino de esperanzas). Odia a toda la humanidad. Empezando por él mismo. En casa, es el eterno sabelotodo y yo la perpetua estúpida. Me ofende a diario. Grita mucho. Me siento cada vez más devaluada; sin embargo, también reconozco que tengo un problema psicológico, porque vivo sedienta de su cariño. Cuando me trata bien, simplemente lo adoro.

3

Giovanni quiere que me opere los senos. Dice que le gustan grandes. Yo me he negado. A él le complace hacer cosas extrañas en la cama. Me amarra para darme palmadas por todo el cuerpo. A veces practica rutinas que yo detesto. Creo que se le dice sodomía. Me lastima mucho. Casi nunca hacemos el amor *con amor*. Todo es brutalidad. Si a esto le aunamos que yo provengo de una infancia incestuosa, en la que fui víctima de mi hermano mayor, se entenderá el caos sexual que vivimos. Ante el mundo, nuestro matrimonio parece brillar, pero de noche, en la negrura escondida, huele a podrido.

4

Hace poco recibí una llamada telefónica misteriosa. Era una voz susurrante. Me dijo que yo debía ir al hotel en el que trabaja Giovanni *de inmediato*, que había un paquete para mí en la recepción.

Colaboro en una agencia de viajes a dos cuadras del edificio de Giovanni. Pedí permiso a mi jefa y caminé con prisa. Pregunté por el paquete y la recepcionista me entregó un sobre cerrado. Contenía un papelito impreso con el número 378 y una tarjeta magnética de las que se usan como llaves de habitación. Fui directo al elevador y recorrí el lujoso pasillo sintiendo que me daba vueltas como túnel macabro. Llegué frente a la puerta y respiré hondo. Las gotas de sudor me recorrían la frente. Deslicé la tarjeta despacio por la ranura de la chapa. Se encendió el foquito verde. Olvidaron ponerle seguro por dentro. Moví la palanca y entré. Era una suite con recibidor. Había silencio total en el recinto. Avancé sigilosa. La puerta de la recámara estaba entreabierta. Me quedé estática. Entonces lo vi. Giovanni, desnudo, de rodillas frente a una mujer de pie, que aún tenía puesta su ropa interior. Él acariciaba y contemplaba extasiado ese cuerpo de senos grandes (seguramente artificiales). La tipa levantaba la cara al cielo con actitud seductora, como dándole permiso a mi marido para que la explorara.

5

Después de conocer el adulterio de Giovanni, estuve deprimida por varias semanas. Le pedí consejo a mi madre y ella me dijo que si él tenía que buscar otra mujer, era porque yo estaba fallando. Así que redoblé mis esfuerzos tratando de agradarle. Giovanni no lo percibió. Siguió comportándose con despotismo. Me gritaba, insultaba y usaba. Pensé: "Algún día cambiará". Eso nunca sucedió… Hoy, nuestra hija Luisa ha crecido. A pesar del sacrificio personal que hice por ella para mantener unido nuestro hogar, me ha dicho que siente vergüenza de mí, pues le transmití mi temor. Siempre le escribí cartas a mi marido, tratando de hacerlo entrar en razón. Al principio de nuestro matrimonio las leía, pero luego dejó de hacerlo. Las tiraba a la basura sin desdoblarlas siquiera. Luisita no comprende por qué no fui capaz de *hablar* (en vez de sólo escribir), por qué nunca puse un alto a las humillaciones de su padre, por qué nunca actué con dignidad. Hoy me siento tan quebrantada en mi honor que he tenido deseos de suicidarme...

Las circunstancias de Giovanni y Paloma son demasiado infames. Reflejan el extremo al que puede llegarse cuando se permanece indefinidamente en el círculo de deterioro afectivo ($\Phi \rightarrow \Lambda \rightarrow \Xi$).

Pero analicemos.

Giovanni, lleno de desprecio contra él mismo inyectó amargura a su esposa. Paloma, con una conducta de autorechazo crónico, consideró normal ser depositaria de más acidez. Al unirse en matrimonio, sus saldos negativos de amor propio se sumaron y los hundieron aún más.

El problema de la pareja comienza en las personas...

> La baja autoestima de los individuos (Φ) destruye las relaciones afectivas.

¿Quieres disfrutar el amor?

Primero preocúpate por ti y *ocúpate* de ti. Deja de estar suspirando para que otros te quieran.

El amor se te escapará si te importa demasiado recibirlo.

Para poder amar, debes hallar primero alegría en la soledad.

Dice un viejo aforismo:

"El Amor es como un *alto* en el desierto, donde sólo puedes hallar lo que tú mismo (a) llevas".

Si traes contigo *nobles pensamientos, caros ideales y aprecio por tu propia persona*, hallarás todo eso reflejado en el vínculo que construyas con tu pareja. Si, en cambio, cargas *pensamientos amargos, debilidad de carácter y baja autoestima*, la vida afectiva se volverá el eco de tu propia miseria.

Hallas en el amor lo que eres...

Mientras menos dependas de otra persona para ser feliz, más feliz serás con otra persona.

Es una paradoja, pero así funciona el amor:

Para "beber agua" necesitas *tener sed*. En cambio para tener dicha con una pareja necesitas no depender de esa pareja.

El amor se comporta exactamente al revés que todos los demás apetitos humanos. Por eso es tan difícil de entender:

Si quieres que tu relación afectiva renazca, debes morir a ella.

Si buscas una sana interdependencia amorosa, precisas declararte como un ser independiente.

Subordinar tu felicidad a la aprobación de la persona que amas sólo te convertirá en una carga para ella, y acabarás inspirándole fastidio y deseos de humillarte.

La tía Lola cuidó a sus hermanos cuando eran chicos.

Con el paso de los años todos lograron tener una profesión, un trabajo o un negocio. La tía Lola, en cambio, se convirtió en carga para los demás. Nadie quería tenerla en su casa, porque la mujer jamás pensó en ella misma. No contaba con ahorros, preparación, ni sabiduría. Sólo necesidades, molestias y recuerdos tristes. Sus hermanos le prestaron un cuchitril abandonado y la dejaron sola. Ella lloraba:

—Yo los ayudé desde niños. Si no fuera por mí no habrían llegado tan alto (ni yo tan bajo).

¿Y por qué nunca se vio al espejo? ¿Por qué no se ayudó primero?

Por supuesto que dio alojamiento a Paloma y a su madre cuando enviudó por segunda vez, esperanzada en recibir ayuda de ellas, pero sólo se juntaron las rotas con la descocida. Lola era una mujer misérrima, amargada. A la larga les complicó mucho más las cosas a Paloma y a su madre.

"Amarás al prójimo como a ti mismo" no es un mandamiento, es una declaración de verdad. ¡Pobre del prójimo enamorado de alguien que se autodesprecia!

Para ser personas dignas de amor ajeno, necesitamos *primero* ser dignas de amor propio.

Únicamente quien se ama y se preocupa por cuidarse, puede inspirar a otros para que lo amen.

La esencia del amor verdadero es la *dignidad.*

Para exigirla, primero debes tenerla.

Por eso, no consientas ofensas en tu contra a cambio de cariño.

Lo paradójico de los malos tratos es que mientras más heridas sufres por parte de un ser amado, más creerás necesitar su afecto y aprobación... Así se gesta la dependencia enfermiza.

¿Te acuerdas de aquella vieja anécdota popular en la que una mujer estaba siendo golpeada y empujada por su marido en plena calle? Varios policías vieron la escena y corrieron a detener al sujeto. Cuando lo estaban sometiendo, su esposa lo defendió.

—¡Déjenlo en paz!

—¿Qué le pasa, señora? ¿No se da cuenta de que este individuo la estaba maltratando?

Y ella contestó:

—Claro. ¡A mí me gusta que me maltrate!

Se llama Síndrome de Estocolmo.

Si un secuestrador cruel, capaz de matar o lastimar gravemente a su víctima le brinda clemencia, absolviéndola de castigos o dándole de comer, la mente del torturado se vuelca en agradecimiento extremo, al grado de justificar al tirano y desarrollar sentimientos de afecto hacia él.

La persona oprimida, indefensa y llena de temor a merced de un sicario, no sólo termina aceptando ser sumisa y obediente, sino que incluso llega a sentir que lo ama.

Esto les ocurre a muchas mujeres golpeadas... Absurdamente defienden a su verdugo. A los jóvenes mal correspondidos les sucede algo similar: Cuanto más son lastimados y despreciados, más aman a la persona que los daña.

No pienses que es un problema ajeno.

Puede ocurrirnos a cualquiera.

Sólo tenemos que dejarnos humillar y el proceso se desencadena automáticamente.

El secuestro más cruel es el que sucede dentro de casa.

Vivir con un padre abusivo, un esposo tirano o una mujer manipuladora es vivir con un secuestrador emocional.

Entiéndelo. Acéptalo.

Si tu pareja te maltrata, te insulta, te amenaza, te obliga a hacer cosas que no deseas, te impide crecer, realizarte, estudiar… eso significa que eres víctima de un secuestro. Si tu padre abusa de ti física, verbal, psicológica o sexualmente, vives con un secuestrador.

Lo dramático del asunto es que muy posiblemente hayas adquirido el Síndrome de Estocolmo y no te atrevas a pedir ayuda, porque tu familiar (pobrecito), merece que le seas leal.

Es absurdo, pero común.

Tal vez te has acostumbrado tanto a malos tratos que los supones normales.

Tus enemigos te han hecho creer que eres como un gusano y debes vivir arrastrándote.

Es una gran mentira. Reacciona.

Mereces una vida mejor.

Deja de esconderte debajo de las cobijas.

Aparta el zapato que te está pisando.

Libérate de tu opresor *con estrategia*.

Si te sientes solo o sola, no culpes más a las personas ofensivas. Eres tú quien debe asumir la responsabilidad de comunicar a los demás cómo quieres que te traten. Y si tus esfuerzos por hacerte oír caen en oídos sordos, entonces pasa al siguiente nivel.

En el capítulo anterior analizamos la posibilidad de que la persona agresiva se preste para escuchar tus explicaciones claras y calmadas. Sin duda la opción más deseable es que ella recapacite y se arrepienta de lo que te ha hecho, pero ¿y si eso resulta imposible? ¿Si es un altanero obsesivo incapaz de razonar?

Aplica el plan "B".

Menos grato, pero aún aceptable...

Disponte a alejarte.

Hazlo primero en la mente. Luego en el corazón. Por último, en el plano físico.

Puedes poner tierra de por medio escapándote o provocando que se vaya.

En medio de un secuestro sólo pensarías en alejarte para siempre de tu secuestrador. A menos que tuvieras el síndrome de Estocolmo, en cuyo caso tu cerebro estaría bloqueado...

Entonces requerirías ayuda profesional o un libro como éste.

Sigue leyendo.

Rompe el equilibrio de tu ofensor.

No lo amenaces. Actúa. Haz que pueda sentir como sería su vida sin ti y sin otras personas importantes para él.

Ocasiona que visualice la lejanía de su familia, de sus hijos, de sus hermanos o amigos más queridos. Sé valiente y arma una escena en la que la tranquilidad de ese sujeto se tambalee. Despedaza su estoicismo. Quítale seguridad.

¿ERES JOVEN Y EL AGRESOR *EXTREMO* ES TU PADRE O TUTOR?

—Denúncialo con la policía.

—Busca alojamiento por un tiempo en la casa de otro familiar.

—Inscríbete en una escuela lejos de tu ciudad.

—Combina tus estudios con trabajo, de modo que no tengas que verlo.

—Pide ayuda en un centro de asistencia.

No permitas que te siga lastimando, pero tampoco cometas el error de casarte pronto o refugiarte en pandillas o amigos con problemas para huir de él.

Usa la creatividad y encuentra la forma de alejarte de ese verdugo sin perjudicar tu proyecto de vida.

¿EL AGRESOR *EXTREMO* ES TU PAREJA?

—Ponle un ultimátum.

a. **¿ESTÁN CASADOS?** Pídele el divorcio. Si te lo da, eso demostrará que además de haberte secuestrado y torturado, no tenía ningún interés emocional hacia ti (¡qué buen negocio sería liberarse de alguien así!).

· Aléjate por un tiempo (a otra ciudad, a un hotel o a la casa de una familia de confianza).

· Organiza una confrontación en presencia de otras personas importantes para él, quienes te apoyen a hacerle saber cómo te lastima.

> · Solicita ayuda a las autoridades.
> De preferencia no involucres a tus propios familiares en una confrontación, porque tu cónyuge los verá, de ahí en adelante, como sus enemigos y tratará de separarte de ellos radicalmente.
> b. **¿SON NOVIOS?** Corta la relación de forma tajante. Las conductas de maltrato y dominio obsesivo en el noviazgo, invariablemente aumentan con el matrimonio. Esa persona no va a cambiar. Acéptalo. ¡Termina con ella cuando aún estás a salvo!

Si alejas a un ser amado agresivo, la mayoría de las veces el cauce de los acontecimientos desembocará en que él volverá a acercarse, pidiéndote una nueva oportunidad. Por ejemplo:

Cierta mujer tenía un esposo controlador.

La aplastó sexual y emocionalmente. En ocho años ella se convirtió en una sombra de lo que antes fue. Comenzó a tener episodios depresivos y supo que si no hacía algo acabaría enloqueciendo.

Como en el último aliento de vida de un cervatillo que se sabe acorralado y a punto de morir, abandonó a su marido. Se fue con los niños a otra ciudad. Pidió alojamiento a familiares.

Entretanto, el hombre se enfureció. Después la buscó y la halló. Insultó a quienes la estaban hospedando. Luego la amenazó y le ordenó que regresara con él. Ella aguantó el embate. No accedió. Se quedó en esa ciudad e hizo algunas solicitudes de trabajo.

Días después, alguien la invitó a participar en un congreso. Ahí comprendió que el error más grande había sido querer agradar a su marido por sobre todas las cosas. Supo que era desdichada porque su autoaprecio dependía de lo que él pensara y comprendió que en realidad ella valía por la esencia inestimable que el Creador le había dado. Supo que ninguno de sus seres queridos la iba a acompañar al morir y que al final de cuentas, lo más trascendente de su existencia iba a tener que vivirlo en soledad: Su relación con Dios dependía sólo de ella. La tranquilidad de su conciencia era cosa suya. El propósito y el sentido de su vida era cuestión personal. Al final de sus días, el resumen de sus aciertos y fallas, tendría que ser explicado únicamente por ella.

Entonces lo supo:

No necesitaba una pareja para ser feliz.

Así que dejó de depender emocionalmente de su marido. Fue aceptada en tres diferentes empleos. Se sentía en paz.

Antes de ingresar al mejor de los trabajos, llamó por teléfono a su esposo. Con toda calma le explicó lo que había sucedido en las últimas semanas y las conclusiones a las que había llegado.

Él también había aprendido lecciones importantes. La necesitaba emocional y físicamente.

(Cuando un marido se queda solo, tiene dos alternativas: o trata a toda costa de regresar con su esposa o cae en prácticas de promiscuidad sexual que lo devuelven a un pasado estéril que ya había superado).

Le pidió a su esposa otra oportunidad y le suplicó que regresara a casa.

Ella le puso algunas condiciones. Entre otras que asistiera a un congreso similar.

Hasta varios días después, cuando él hizo todo lo que ella le pidió y ella pudo comprobar que había un cambio verdadero en su marido, aceptó volver con él.

Fue el inicio de otra etapa en su matrimonio. Ella no estaba dispuesta a ser la misma limosnera de amor de antes, y comenzó a recibir más amor que nunca. Él no quería volver a perder a su familia, y su esposa lo recompensó con otra oportunidad.

Siguieron teniendo problemas, pero nunca más de la misma magnitud.

¿Puedes ver la diferencia entre las historias de Paloma y esta otra mujer?

Por eso...

TE DESAFÍO:

A no depender de tu pareja.

A tener la convicción (y comunicarle a tu familiar agresivo) que prefieres permanecer en la soledad que en su nefasta compañía...

A alejarte para siempre de tus agresores, si es necesario.

A no permitir que te insulten, golpeen o engañen.

A morir a tu relación afectiva, para dejar que renazca.

A pensar primero en ti...

Ahora hemos llegado al borde de la plataforma y estamos a punto de dar el paso más importante.

El verdadero salto del *bungee*.

Cuando las condiciones para perdonar ya están dadas...

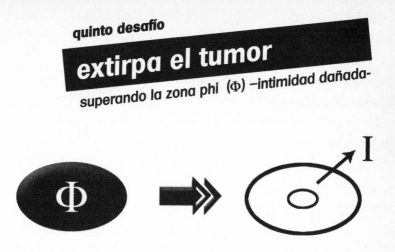

quinto desafío

extirpa el tumor

superando la zona phi (Φ) −intimidad dañada−

Jorge Jaimes tenía un defecto físico.

De niño fue atropellado por su propio padre. Estuvo a punto de perder la vida. El brazo izquierdo le quedó inservible. A causa del accidente desarrolló un fibroma en el codo que comenzó a crecerle varios milímetros cada año hasta convertirse en una bola informe del tamaño de un melón.

A pesar de su problema, Jorge hacía campismo. Su naturaleza aventurera lo llevaba a lugares cada vez más lejanos. Excursionar en montañas solitarias le daba cierta paz. Por lo menos le permitía olvidarse de las burlas y miradas lastimosas. Pero una tarde le ocurrió lo inverosímil. Estaba escalando peñascos sueltos cuando sintió la inestabilidad del suelo. Repentinamente las enormes rocas frente a él se deslizaron. El movimiento fue múltiple y rápido. Estaba a punto de quedar atrapado. Su pierna derecha se atoró. La jaló con urgencia. Liberó el pie a tiempo. Su zapato quedó triturado entre las rocas. Entonces percibió que su codo izquierdo se retrasaba en la moción y el enorme tumor era aprisionado por la última piedra que se asentó. Gritó. Quedó prendido entre los dos peñascos. Hizo varios intentos por zafarse. Empujó las rocas. Movió el brazo de un lado a otro.

Fue inútil. Pidió ayuda. No había nadie en kilómetros a la redonda.

Se hizo de noche.

Estaba agotado, sudando, temblando...

Dos días después seguía ahí. Comprendió que moriría... a menos que hiciera algo.

Buscó en su bolsillo con el brazo libre.

Traía una navaja de campismo.

Observó la afilada hoja durante horas, antes de atreverse a usarla. Siempre quiso extirparse ese tumor, pero los médicos decían que era peligroso. Ya no le importó. Si no lo hacía él mismo, moriría. Había llegado la hora de deshacerse de la herida deformada por los años, que su padre le causó en la infancia.

Jorge comenzó a cortar. Creyó que se desmayaría. La sangre bulló como un borbotón de aguas termales.

Siguió cortando...

La historia de Jorge Jaimes es una analogía.

Representa lo que nos ha pasado, en sentido figurado, a ti y a mí al dejar crecer la lastimadura de una inocencia dañada: Se ha convertido en un tumor inmovilizante que tarde o temprano nos dejará paralizados.

Si enfrentaste con seriedad los cuatro desafíos anteriores, has hecho un avance importante:

1. Conoces el círculo secreto de deterioro afectivo.
2. Identificaste las heridas íntimas que has sufrido.
3. Te dispusiste a hablar clara y calmadamente con tus agresores para que dejen de ofenderte.
4. Aceptaste que si quieres lograr una sana relación amorosa, precisas pensar en ti primero.

A pesar de este progreso, aún cargas contigo el molesto fibroma de tus heridas antiguas.

La persona que te lastimó ya no puede hacerlo. Vive lejos, ha muerto o ha cambiado de forma radical, pero la herida secreta que te provocó sigue ahí. Tú has procurado olvidarla. Le restaste importancia. Ahora, sin embargo, sabes que existe, y que ha alterado de forma inconsciente tu conducta.

Giovanni y Paloma, en su juventud, sufrieron el nacimiento de un fibroma emocional que creció y los llevó de Φ, a$\rightarrow$ Λ, a$\rightarrow$ Ξ...

Lo mismo nos ocurre a todos.

> Repasemos...
>
> A causa de nuestra **intimidad dañada** (Φ), hemos realizado acciones destructivas de **venganza automática** (Λ) para caer olímpicamente en **apatía expectante** (Ξ).

Les expliqué a Giovanni y a Paloma el origen de sus problemas afectivos. Después los invité a retirarse un fin de semana con varias personas que estaban dispuestas a realizar ejercicios de introspección para extirpar los tumores del pasado. Giovanni se negó rotundamente. Pero Paloma acudió. Ella invitó a Toño Ulloa, el hermano de Giovanni.

Lo que leerás a continuación son extractos de catarsis reales. Quienes las hicieron entendieron la metáfora del tumor hinchado en su sistema emocional y aunque estuvieron de acuerdo en exterminarlo, pudieron hacerlo sólo después de inspirarse en la certeza de tener una misión y un compromiso con ellos mismos. De igual modo comprendieron que Dios los amó y perdonó *primero*, y pudieron investirse de su fuerza para realizar aquello que les parecía imposible.

Poniendo puntos sobre las íes:

> **Los problemas de conducta humana pueden tener dos orígenes:**
>
> **PSIQUIÁTRICOS.** Cuando existe un daño neuronal o el cerebro mantiene funcionamiento electroquímico errático (como en casos de psicosis, esquizofrenia, trastornos depresivos o de personalidad por causas fisiológías), que requieren tratamiento médico.
>
> **PSICOLÓGICOS - ESPIRITUALES.** Cuando hay heridas emocionales guardadas en el subconsciente (Φ), que afectan el comportamiento y provocan conflictos interpersonales.

Éste libro no es de medicina ni (por supuesto), de psiquiatría. Así que cuando hablo de ayudar a resolver problemas de conducta humana me refiero a los del segundo origen: Psicológicos – espirituales (el término es bidimensional y sus partes son indivisibles).

Algunos psicólogos de enfoque pragmático-científico creen tener soluciones absolutas en sus terapias y rechazan a sacerdotes o pastores; éstos a su vez, basados en el poder de la fe y la oración, refutan de igual modo a los psicólogos. A veces ni unos ni otros aceptan que sus disciplinas están intrínsecamente relacionadas.

Los terapeutas deberían comprender que sólo en la dimensión espiritual de la persona, mediante una fuerza que va más allá de la ciencia, es posible sanar de tajo las heridas profundas. Por su parte, los líderes espirituales deberían admitir que el Poder Superior sobre el alma humana sólo encuentra la puerta abierta cuando el individuo lo permite poniéndose voluntariamente en un estado psicológico de

*expectativa perceptual, aceptación acrítica, evidencia anec-
dótica y catarsis incondicional[1].*

Así que ha llegado el momento de la extirpación.

Si insistes en no hacer nada, las células malignas seguirán proliferando en tu subconsciente y tus relaciones amorosas se echarán a perder.

Mientras no arranques de tajo ese antiguo tumor, personas inocentes a quienes amas, como tus hijos, padres y pareja, sufrirán los estragos de tu personalidad alterada.

Es imperativo. Categórico. No negociable. Debes actuar.

El ejercicio que vas a hacer a continuación es de corte psicológico-espiritual. Tómalo muy en serio. Puede abreviarte muchas sesiones de terapia psicoanalítica y hacer que en un próximo encuentro o retiro espiritual tu sanidad total sea mucho más rápida.

Antes te daré un par de ejemplos.

Toño Ulloa se veía angustiado.

Era un hombre rollizo que se ruborizaba fácilmente y hacía chocar las yemas de sus dedos cuando hablaba.

Después de casi una hora reflexionando, con los ojos cerrados y la cabeza agachada dijo en voz alta:

—Dios mío, me doy por vencido. Padre Celestial, quiero vivir como un hijo tuyo. Adóptame. Abrázame. Consuélame. Yo no tuve un buen papá en esta Tierra. Tampoco me he casado, ni tengo hijos. La paternidad me da pánico. Estoy muy lastimado. Hoy quiero descubrir las heridas que he

---

[1] **Expectativa perceptual:** disposición para percibir o aprender de modo particular bajo la influencia de esperanzas intensas. **Aceptación acrítica:** disposición para dar por hechos eventos o conceptos sin someterlos a objeciones o juicios críticos. **Evidencia anecdótica:** capacidad para reconocer hechos o información obtenida por observación directa o experiencia. **Catarsis incondicional:** Expulsión voluntaria de recuerdos que perturban la conciencia o el equilibrio nervioso.
Fuente: Dennis Coon. *Psicología.* Thomson. 2005. México.

ocultado durante tantos años, para que tú las cures, Señor… Me rindo. Ya no quiero guardar rencor. Mi padre falleció hace varios años. No puede lastimarme más. Pero sé que mis pensamientos, a través de la distancia pueden llegar a él. Así que (ahora) me dirijo al hombre que me dio su composición genética. Donde quiera que estés, papá, quiero preguntarte por qué le pegabas a mi madre. ¿No te dabas cuenta de que ella era una mujer noble y frágil? Como el hombre de la casa, ¿por qué no protegiste y cuidaste a tu mujer? ¡Ella te necesitaba! También mi hermano Giovanni y yo… Cometíamos travesuras, pero no éramos malos. ¡Papá, tú nos golpeabas injustamente! ¿Por qué? En lo secreto yo siempre me he considerado un niño maltratado. Tus golpes son parte de mi sustancia. Pero hoy, voy a cercenar el tumor emocional que me ocasionaste y a tirarlo a la basura. Papá, a partir de este momento, *decido* dejar de odiarte. Te perdono por haber ahorcado a nuestro perro. Te perdono por haber abofeteado a mi mamá, por haberla dejado inconsciente, por haberte burlado de mí, en vez de ayudarme cada vez que me orinaba en los pantalones. Te perdono por decirme "marica", "cuatrojos", "gordo", "cerdo" y "mantecoso". Nunca olvidé tus calificativos. Cada vez que me veía al espejo resonaban en mi mente. Hoy los extirpo y me libero de ellos. Papá, te perdono por tus palabras ofensivas… Por lo que recuerdo y por lo que no recuerdo. Hoy quiero decirte, de hombre a hombre, que estamos en paz. Cancelo y corto todos los mensajes humillantes que proferiste en mi contra. Borro los recuerdos de esas noches de llanto que me ocasionaste. Me desligo para siempre del miedo que instalaste en mi personalidad. Hoy soy libre de ti, ¿sabes por qué? Porque hoy te libero, también. Puedes irte. No me debes nada. Estamos a mano. Te perdono de corazón. No lo hago confiado en mis fuerzas sino en las de Dios, quien me inspira a vivir en victoria.

Toño terminó de decir estas palabras sollozando. Apretó sus puños y se mantuvo con la cara agachada por varios minutos.

Había comenzado su proceso de sanidad, pero aún tenía que perdonar a su madre, a su padrastro, a su hermano y a varias personas más...

Lo difícil, sin embargo, es siempre comenzar...

Paloma también lo hizo.

A ella le costó más trabajo porque deseaba escribir su catarsis. No la dejé. Para cualquier persona el desahogo escrito es tan efectivo (o incluso más) que el oral. Para ella no. Ya había escrito demasiado. Ahora necesitaba hablar, decirlo con su boca. Al fin pudo dirigirse al recuerdo de el hermano que la violó:

—Yo confiaba en ti... Me gustaba jugar contigo. Aprendí deportes rudos porque te admiraba. Jamás imaginé que aquella noche, cuando llegaste a mi cama, quisieras hacerme daño. Eras mi hermano mayor. Mi amigo. Mi líder. ¿Por qué lo hiciste? ¿Acaso tenías curiosidad de probar tu hombría abusando de una mujer, y no encontraste a nadie mejor que yo? ¿Dónde quedó nuestro amor puro, nuestros juegos sanos y las palabras de ánimo que nos dábamos cuando algo salía mal? ¿Dónde quedó el hermano con quien yo podía desahogarme? Me manipulaste. Me intimidaste. Me ultrajaste. Me llenaste de terror. Cambiaste mi inocencia en maldad. Sigo sin comprender por qué. Ahora vives en otra casa. Tienes una esposa y dos hijos. Nos vemos de vez en cuando en algunas fiestas. Ya no puedes lastimarme. Estás lejos. Pero a veces, en las noches siento tu aliento en mi oído y percibo el sudor de tu cuerpo. No quiero que eso ocurra más. Tengo una inflamación aguda en mi alma por causa tuya. Cerraré los ojos y le daré a Dios el control de mis emociones, para que él extirpe el tumor. Yo me dejo guiar y camino con fe hacia adelante en este túnel. Dios, mío, he decidido rehacer mi vida. Ser feliz. Por eso, perdono a mi hermano hoy. Hermano, te perdono. A partir de este momento te deseo lo mejor. Dejo de anhelar la venganza. Dejo de preguntarme por qué. Simplemente te perdono. No lo hago porque te lo merezcas, pues de hecho no te lo mereces. Te doy mi perdón como un regalo. Así de simple. En lo que a mí concierne, estás libre de toda culpa. Jamás volveré a recordarte con odio. Cuando te vea de nuevo, espero que sea pronto, te abrazaré fuerte y podrás sentir en mi actitud que todo está en paz entre tú y yo, desde hoy y para siempre.

Ella lloró un poco menos que Toño, pero sin duda las palabras salieron de lo más profundo de su corazón...

Aún le quedaba un largo camino por recorrer. Debía perdonar a su madre, a su padrastro, a la tía Lola y a varias personas más... Por supuesto no a Giovanni. No todavía. Aún vivía bajo la presión de sus maltratos, frialdad e infidelidad.

Paloma se entregó al Poder Superior que la dignificaba y le daba fuerzas para luchar estratégicamente.

Ahora, haz tu parte.

Trabajando en privado, honrada y enfocadamente, *hoy* puedes marcar un hito en tu vida afectiva.

En este momento, sin más rodeos, realiza un ejercicio verdadero de perdón.

Perdonar no es condescender. Tampoco es tolerar los errores ni aceptarlos. Es un acto interno para soltar el coraje y el deseo de venganza. Tiene que ver contigo, no con el otro. Es para tu independencia y beneficio, no para la del otro.

Perdonar es enfrentar los hechos. Reconocer las heridas y limpiarlas, no con el fin de olvidarlas sino de poder recordarlas sin dolor.

Una declaración de independencia.

Serás libre sólo cuando dejes el papel de víctima y le quites el control de tu vida al agresor.

Hazlo.

No como acto de justicia sino de amor hacia ti.

Toma la navaja y disponte a cortar, aunque duela.

De antemano te digo que no querrás hacerlo.

Mucha gente leerá los siguientes párrafos con rapidez y de forma superficial. Tú, no.

Tal vez tienes más de un tumor. Quizá tus fibromas sean menos prominentes y obvios que los de los casos anteriores y necesites perdonar a varias personas por muchos detalles pequeños. Está bien. Casi siempre es así. Con más razón necesitas dedicarte a ello. Requieres valor.

Acéptalo:

- Eres responsable de tu vida afectiva y sexual.
- Dios quiere ayudarte a sanar; sólo demanda tu disposición total, y él hará el resto.

Lo que vas a realizar no es una dinámica para autocompadecerte ni para hacerte sentir miserable.

Tampoco es un juego.

Vamos a borrar los episodios dolorosos de tu pasado.

Por eso necesitas recordarlos.

Lee muy despacio.

De ser posible, apártate de la gente o tómate la tarde libre para realizar el ejercicio.

Esfuérzate al extraer las memorias de tu subconsciente. Revive momentos antiguos. Haz conexiones de eventos.

Recuerda la tristeza que sufriste por causa de algunas personas.

Repásalas.

Mírate a ti, cuando eras más joven.

Obsérvate como desde un segundo plano, cuando llorabas en silencio, quizá abrazando la almohada, en profunda soledad.

Acuérdate de tu confusión mental.

Reflexiona cómo es que siendo alguien tan valioso llegaste a sentirte tan poca cosa...

Pídele al Creador que te infunda su fortaleza y te llene del gran amor que tiene por ti para realizar este acto.

Imagina que quien te lastimó está frente a ti ahora.

Habla con él o con ella.

Dile lo que consideras injusto.

Explica cómo te sentiste por su causa.

Hazle saber tu inconformidad.

Expresa las emociones de dolor.

Manifiéstale el perjuicio que hizo a tu carácter y autoestima.

Interrumpe la lectura de estas páginas unos segundos...

Cierra los ojos y desahógate.

Usa voz audible.

Si hay gente cerca y no tienes privacidad, apártate.

Este momento puede ser uno de los más importantes de tu vida.

Una vez que hayas expresado tu dolor y lo tengas bien presente, haz lo más difícil de todo:

Perdona a tu ofensor.

Dile:

(Mamá, papá, hermano, socio, mi amor...)

Te libero de toda responsabilidad.

No lo hago porque te lo hayas ganado, sino porque *deseo* hacerlo. Así de simple.

Tengo la calidad humana que se necesita para regalarte lo que me quitaste.

Aunque lo que me hiciste forma parte de mi pasado, voy a recordarlo *sin dolor*.

Estamos a mano.

Quizá no lo mereces, pero te bendigo.

Deseo que te vaya bien y que Dios te perdone también de los errores que cometiste.

De todo corazón te deseo lo mejor.

Hoy me desprendo de ti y de los recuerdos tristes relacionados contigo para siempre.

TE DESAFÍO...

A volver a leer los párrafos anteriores y a realizar (¡ahora sí!) el ejercicio.

Tú y yo nos parecemos, por eso creo conocerte. Te gusta recopilar información y dejar para después las dinámicas molestas.

No lo hagas.

Te desafío a que seas valiente y no prosigas la lectura sino hasta después de que hayas extirpado el tumor...

Para que puedas tener la seguridad, escribe lo que acabas de pensar o decir. No tengas miedo a que alguien lo lea. Eres una persona nueva y a partir de hoy has superado la zona Φ.

reconoce el dolor que has causado

superando la zona lambda (Λ) -venganza automática-

Estaba dormido cuando sonó el teléfono.

—Necesito hablar con usted.

Era una voz masculina de inflexión agresiva. Encendí la luz y me incorporé a medias sobre la cama.

—¿Qué desea?

—Acudí a su conferencia esta tarde. Los muchachos no parecían muy atentos, pero yo escuché bien. ¿Sabe?, me impresionaron las historias que contó. Yo tengo la mia. Cuando era joven, fui víctima de una organización que me llevó a tener relaciones con niñas menores de edad. Después me hice adicto a la pornografía. Cuando era soltero me autoestimulaba a un ritmo de cuatro veces por día. Hoy todavía lo hago de vez en cuando.

—¿Cómo dice? ¿Quién habla?

—Tengo una hija joven. Parece que se inclina por parejas de su mismo sexo. ¡Está tan confundida! Pero no puedo ayudarla; carezco de autoridad moral. Ella sabe que tengo una enamorada.

Como escritor, recibo muchas cartas cada día. En algunas de ellas mis lectores abren su corazón y me cuentan confidencias increíbles, pero ¿quién se atrevería a decirme por teléfono y de golpe todo eso? Debía tratarse de una broma.

—Caballero —le dije con voz cortante—. ¿Cómo consiguió comunicarse a esta habitación?

—Eh… bueno… yo trabajo aquí.

Vi el reloj. Iban a dar las doce de la noche.

—Eso es mentira. ¡Los empleados de este sitio protegen la privacidad de sus huéspedes! ¡Hasta luego!

—Espere. Le estoy diciendo la verdad.

—Pues en ese caso, si le interesa conservar su empleo, le suplico que me deje dormir.

—¿Me reportará con el gerente del hotel?

—Sí.

—No podrá hacerlo.

—¿Por qué?

—Porque yo soy el gerente.

Giré la cabeza.

¿Había cámaras escondidas?

¿Estaban filmando mis expresiones de asombro?

—Mi nombre es Giovanni Ulloa —agregó. Fue la primera vez en mi vida que escuché ese nombre.

Sobre la mesita circular a la entrada del cuarto descubrí una canasta de frutas que habían traído por parte de la gerencia varias horas antes. Me levanté dejando el auricular sobre la cama. Adherida al papel celofán había una tarjeta de presentación que decía: *Lic. Giovanni Ulloa Z. Manager.*

Volví muy despacio y tomé el teléfono. Por varios segundos permanecí callado.

—¿Sigue ahí? —me preguntó la voz.

—Sí.

—Esta mañana cuando se hospedó, usted personalmente me invitó a la conferencia. Me regaló unos pases de cortesía.

¿Ya no se acuerda? Le pregunté si después podía hacerle una consulta personal y contestó "cuando quiera".

—Es verdad.

—Señor Cuauhtémoc, a pesar de que tuve una niñez muy difícil y mi carácter es fuerte, me considero triunfador. Estudié licenciatura en hotelería. Dirijo ochenta empleados y la gente me admira… Sin embargo, mi matrimonio va muy mal… Quisiera divorciarme, pero siento pena por mi esposa e hija. ¡Las veo tan perturbadas!

—Muy bien, don Giovanni —respiré hondo—, le agradezco la confianza, ahora dígame una cosa: ¿por qué quiere divorciarse?

—Mi mujer es insegura, quejumbrosa y mentirosa. Se llama Paloma. Trabaja en una agencia de viajes, y husmea mucho por aquí. Descubrió que tengo un romance con una colega —emitió una risita cínica—, ji, ji, ji…

—¿Qué quiere, señor Giovanni?

—Rehacer mi vida.

—¿Con su amante?

—Es mi enamorada. Nada más. No hemos tenido relaciones sexuales completamente.

—¡Vaya! ¿Y quiere comenzar de nuevo con su "enamorada"?

—Sí… Creo que lo merezco. Oiga, me interesa su consejo. Lo invito a desayunar mañana. Sé que su avión sale a las diez —sabía todo sobre mí—. ¿Nos vemos a las siete en el lobby?

—Con una condición.

—La que quiera. ¡Puedo pagarle!

—No señor. Necesito que haga un ofrecimiento más interesante.

—¿Cuál?

—Venga con su esposa.

Pasé la noche girando sobre mi cuerpo.

No pude conciliar un sueño profundo.

Las palabras de Giovanni sonaban en mi cabeza como un eco macabro.

Mi carácter es fuerte. Me considero un triunfador. Dirijo a ochenta empleados. La gente me admira... Tengo una enamorada (ji, ji, ji), creo que lo merezco. Mi mujer es insegura, quejumbrosa y mentirosa...

¡Cuánta arrogancia!

¡El tipo era un experto en evadir su responsabilidad!

Me levanté y tomé un papel para trazar el *Círculo secreto de deterioro afectivo*. Durante varios meses había estado luchando por dirimir esa teoría y apenas unos días antes había podido concretarla.

(Φ) INTIMIDAD DAÑADA: Giovanni sufrió algunas heridas ocultas, desde hace años.

(Λ) VENGANZA AUTOMÁTICA. Sin darse cuenta, ha realizado actos destructivos hacia su familia y hacia él mismo.

(Ξ) APATÍA EXPECTANTE. Ha caído en un hoyo de desánimo y confusión.

Sin duda, ese hombre necesitaba perdonar a las personas que lo ajaron en su intimidad, pero era mucho más urgente hacerlo conocedor de su venganza automática. ¡El tipo no se daba cuenta del sufrimiento que estaba causando a otros!

Lo mismo nos ocurre a nosotros con frecuencia.

Somos culpables y no lo reconocemos.

Solemos centrarnos en las faltas del vecino e insistimos en nuestra inocencia.

Cometemos imprudencias y no las subsanamos.

La próxima vez que alguien te desprecie, piensa… *Quizá* te ganaste (a pulso) esa desconsideración.

Cuando entrevistaron al papá de Diego Santoy, un cruel asesino confeso, el hombre dijo que deseaba protestar enérgicamente en contra de las autoridades por haber publicado un horario erróneo de acontecimientos, y haber permitido que la gente hiciera manifestaciones en contra de su muchacho. ¿Puedes creerlo?

¡Nos equivocamos y reaccionamos con altanería!

¡Somos evidenciados en el engaño y respondemos buscando las fallas de otros!

Aún sorprendidos en plena flagrancia justificamos nuestras fechorías y le echamos la culpa al que está más cerca.

Si nuestro hijo se queja de haber sido regañado por su profesor, corremos a la escuela a reclamarle ¡al profesor! Pocas veces consideramos la posibilidad de que el muchacho sea un pillo ladino disfrazado de angelito. Confiamos más en nuestros párvulos acusones que en los adultos profesionales a su cargo. Nos gusta presumir heridas y recibir condolencias; pero detestamos que alguien se atreva a recordarnos obligaciones o responsabilidades. Igual que a ciertos niños chillones, nos gusta exhibir las raspaduras (sana, sana, colita de rana). Sentimos cierto placer intrínseco en sabernos lastimados y victimados.

¿En los capítulos anteriores averiguaste tus heridas secretas? ¿Perdonaste a quienes te las causaron? Muy bien. Era necesario. Pero no te detengas ahí.

Sólo has hecho la tercera parte del trabajo.

Para seguir el proceso, necesitas reconocer tus faltas. Entender que no eres una persona perfecta. Aceptar que has cometido graves errores con tus seres queridos… Disponerte a cambiar.

Llegué puntual a la cita, casi sin haber dormido.

El gerente del hotel era un hombre canoso con barba de candado y vientre sumamente grande. Llevaba al cinto un radio de intercomunicación por el que se escuchaba el diálogo de sus subalternos.

Señaló un pequeño salón privado.

—Pase, aquí estaremos más holgados, me tomé la libertad de ordenar un desayuno especial. Si a usted le parece, nos acercarán diversos platillos para que elijamos.

—¿Dónde está su esposa?

—Le avisé de nuestra cita, pero no creo que venga. Como le dije ayer, es muy insegura de sí misma.

Antes de sentarse, puso su enorme radio de intercomunicación sobre la mesa y le bajó el volumen a la mitad.

—Primero quiero excusarme. Fue una descortesía llamarlo a su cuarto; yo no suelo ser imprudente. Anoche tomé algunas copas.

—Ahora entiendo —suspiré—, pero no cumplió el único requisito que le pedí.

—¡Invité a Paloma! Ya se lo dije. Le expliqué que usted nos iba a dar una asesoría a los dos. Ni siquiera me creyó.

—De acuerdo. ¿En qué puedo ayudarle?

—Mi esposa es un caso perdido, pero mi hija, Luisa, no. Me preocupa. ¡Hable con ella! Aunque sea por teléfono. Necesita orientación.

—¿Y por qué no le habla usted?

—Es inútil. La vi besándose con su mejor amiga.

El mesero trajo la charola de frutas. Me serví un poco. Giovanni aprovechó para llamar por el walkie talkie.

—Neto, revisa que todo esté listo en el "salón monarcas"; los clientes de la convención son muy exigentes —dejó el aparato sobre la mesa y se disculpó conmigo—. Neto es mi segundo de a bordo, pero no tiene iniciativa. Debo andar tras él. Por cierto ¿no le parece que "Neto" es un buen nombre para un contador? Al menos no se llama "Bruto", ji, ji, ji. ¿En qué íbamos? Ah, sí, en que usted no quiere hablar con mi hija.

Inhalé. ¿Tendría caso estar ahí?

—Señor Giovanni, por teléfono me comentó que de joven tuvo relaciones sexuales con menores de edad y se hizo adicto a la pornografía y a la masturbación...

—Hablé sin pensar. Ya le dije que estaba un poco ebrio, pero sí. Mientras estudiaba la carrera busqué un segundo trabajo de medio tiempo. Tuve la mala suerte de ser contratado como maestro en una escuela para edecanes y modelos que en realidad era semillero de prostitutas. Ahí fue donde tuve sexo con jovencitas.

—Aja. ¿Bebe con frecuencia?

—Sólo por las noches. El alcohol me relaja. Mi vida ha sido muy dura...

—No lo dudo, señor Giovanni. Usted sufrió heridas secretas en la intimidad y ahora está consumando una venganza de forma inconsciente.

Alzó las cejas como el catedrático que ha sido desafiado a un envite intelectual.

—A ver. Hábleme sobre eso.

—Cuando los seres humanos hemos sido heridos, tomamos revancha en dos direcciones. Primero lastimándonos a nosotros mismos, y después lastimando a la gente que nos rodea —se hizo hacia atrás. Los botones de su camisa estaban a punto de saltar. Miré su monumental abdomen. El hombre debía tener un sobrepeso de más de cincuenta kilos—. Sin que me lo diga, puedo adivinar (cualquiera podría) que usted tiene una vida sedentaria y come en exceso. La venganza automática se manifiesta con mucha frecuencia en anorexia, bulimia, ingesta compulsiva, tabaquismo y alcoholismo.

Sonrió con superficialidad y quiso aplaudir.

—¡Increíble! Lo sabía. Usted es como un brujo.

—No acepto eso.

—¡Es que le atina al blanco! En mi casa todos padecemos problemas alimenticios. Mi esposa tuvo anorexia de joven; ahora ha desarrollado un problema de insulina. Se desmaya con frecuencia. Mi hija come sólo chatarra.

—Claro, señor, también ellas han tomado venganza de las heridas que sufrieron, y se lastiman a sí mismas.

El mesero quiso acercarse, pero Giovanni le indicó que se alejara. Adoptó una pose de pensador y mantuvo la charla en el terreno reflexivo.

—Hay algo en su teoría que no me parece razonable —opinó—. ¿Cómo puede una persona lastimada, tomar revancha contra ella misma?

—Parece absurdo, ¿verdad? Pero piense...

"El síndrome de Estocolmo mismo, no es otra cosa que la manifestación externa de una venganza automática. Como la víctima sabe que ha hecho mal en aceptar la humillación, siente culpa, ira y rabia. Entonces se *autocastiga* dejando que el *castigador* la siga *castigando*. Es un fenómeno llamado retroflexión. ¡El cerebro humano es asombroso! Visualice las miles de personas que soportan a familiares alcohólicos, adúlteros o violentos. En el fondo se reconocen cobardes y aceptan una vida humillante, vengándose de sí mismas por haberla aceptado. Con el tiempo se vuelven como aves atrapadas en una jaula, incapaces de salir.

Los ojos del gerente hotelero habían dejado de mirar. Traspasaban los objetos y se dirigían hacia recónditos pensamientos.

—¿Me está diciendo que soy culpable del caos que me rodea? —dijo al fin—. ¿Sugiere que me he vengado de forma inconsciente, destruyendo mi vida y la de mi esposa e hija?

Respiré hondo y me arriesgué.

—Sí, señor.

Giovanni Ulloa era un hombre dos veces más alto que yo, y tres veces más pesado. Podía haberse levantado y mandarme a Júpiter de un puñetazo, pero no lo hizo. En vez de eso, soltó una carcajada. Luego me palmeó por la espalda.

—¡Por eso me cae bien! Le dice a la gente lo que no quiere oír.

—Pues ya que eso le da tanta gracia, déjeme seguir. ¿Argumentó que usted merece una vida mejor al lado de su amante? Esto demuestra un altísimo nivel de insolencia e inmadurez. ¡Dice que su esposa es insegura, mentirosa y engatusadora! Eso sólo manifiesta que usted es todo menos un caballero. Su hija no le tiene confianza. No lo considera su líder y mucho menos su amigo. ¿También la va a culpar? ¿Dirá que es mentirosa y engatusadora? ¿Y no será que le ha faltado un padre verdadero? ¿Alguien que no la lastime cuando está borracho?

—Se está excediendo.

—Estoy siendo sincero, Señor Ulloa, como usted, pero con una diferencia. Yo estoy sobrio.

—¿Qué trata de decirme?

—Ayer, por teléfono dijo cosas excesivas, gracias a que había bebido. ¿Ha pensado en el dolor y frustración que le causa a su familia cada vez que toma y dice palabras necias? Por supuesto, no se da cuenta porque el alcohol borra la memoria, pero hablemos con sinceridad. ¿Usted considera sano beber todas las noches para "relajarse"? Se equivoca. El alcohol menoscaba el razonamiento. Provoca un síntoma llamado "recuerdo de sobriedad". Lo hace suponer que la noche anterior se comportó normalmente, sin embargo cuando bebe hiere a la gente cercana. Les provoca vergüenza, enojo, impotencia, repulsión. ¡Entienda! El alcohol es enemigo número uno de las relaciones afectivas y sexuales. Por si fuera poco usted no sólo es adicto a la comida y a la bebida; su mayor debilidad es la pornografía. Además de tener una amante real, fantasea con sus múltiples mujeres imaginarias mientras hace el amor a su esposa. Y ella, claro, ha desarrollado una enfermedad psicosomática. ¡Por eso se desmaya! Tal vez quiera decirme que Paloma tampoco es una santa. Sin conocerla voy a defenderla, porque en todas las parejas, el proceso de venganza automática es recíproco. Quizá ella ha practicado su propia revancha de muchas formas, pero lo cierto es que usted le ha destruido la vida (y también a su hija). ¿Su familia tiene un problema? ¡Ya lo creo! El problema es *usted,* aunque entienda, también usted es la solución.

Carraspeó. Mis palabras ya no le parecieron tan chistosas.

—¿Quiere hacerme sentir culpable?

—Sí. En algunas ocasiones eso es bueno. Nuestra conciencia activa el mecanismo de culpa para protegernos de la degradación. Así nos detenemos ante el mal que cometemos —Giovanni tomó su celular y comenzó a marcar un número—. Sólo los asesinos más despiadados han inhibido ese mecanismo. Por eso no tienen límites. Pero usted y yo, sí...

Puso el celular en su oreja y giró el cuerpo.

—Perdone, me acordé de algo urgente. Usted sabe. Hay mucha gente aquí que depende de mí.

El reto era claro.

Pero él estaba evadiéndolo.

Ahora te lo digo a ti. No lo evadas: Para disfrutar el amor y el sexo, no basta con reconocer los errores ajenos y perdonar a quienes te lastimaron. Requieres aceptar también las fallas que has tenido y arrepentirte de ellas. Necesitas entender y admitir el mecanismo de la venganza automática que has usado y realizar acciones concretas para detenerlo ahora.

Por eso.

TE DESAFÍO...

A revisar tus hábitos alimenticios, de alcohol o cigarro y a identificarlos como lo que son: una venganza que has perpetrado contra ti.

A comprender que te estás autodestruyendo y debes parar.

A revisar si sueles gritarle a tu pareja o a tus seres queridos, si pierdes la paciencia con facilidad, dices majaderías o eres hiriente \para que te fijes la meta inmediata de modificar esa conducta!

A reconocer que el problema de tus relaciones afectivas y sexuales eres tú.

A aceptar tu responsabilidad sin evadir la culpa, y decidir cambiar...

El hombre habló por teléfono durante varios minutos. Aproveché para desayunarme. Cuando terminó su llamada, preguntó:

—Tiene que irse, ¿verdad?

—Sí.

—Ni hablar. Fue interesante escuchar cuan pervertido soy —se burló—. De cualquier manera ya decidí separarme de mi esposa... Ella no lo sabe, pero se lo pienso decir pronto.

—¡Vaya, vaya!

El tono contralto provino de alguien que había llegado hasta nuestra mesa sin que nos percatáramos.

Como la cantidad de sangre acumulada ocasiona calor, creí que la cara de Giovanni iba a estallar. El enorme sujeto pareció encogerse. Luego tartamudeó.

—¿Qué, qué, qué haces aquí?

—Tú me invitaste a la reunión ¿ya no te acuerdas?

Me puse de pie y saludé. Ella contestó.

—Mucho gusto. Soy Paloma de Ulloa. Aunque por lo que acabo de enterarme, muy pronto recuperaré mi nombre de soltera. ¿Puedo sentarme?

—¡Por favor! —le acerqué una silla.

Ella se acomodó con movimientos decididos. Era una mujer delgada, fina, bien maquillada y de vestimenta demasiado moderna para su edad.

—Disculpe mi tardanza. Cuando Giovanni me dijo que teníamos una cita con usted, no le creí. Luego averigüé y me enteré que era verdad. Entonces quise escribirle algo antes de venir.

Me dio una hoja doblada en cuatro partes que había traído todo el tiempo en su mano izquierda.

En cuanto la vi, me di cuenta de que perdería mi avión.

compensa el agravio

superando la zona lambda (Λ) −venganza automática−

Señor Cuauhtémoc:

No sé por qué mi esposo le pidió una entrevista. Él jamás hace cosas así. A lo mejor estaba en el bar y tuvo uno de sus arranques de los que después ni se acuerda. Pero hoy se hallará sobrio y volverá a ser el "gran jefe toro sentado".

Le escribo, antes de llegar a la cita porque frente a Giovanni no podré hablar. Él causa en mí un efecto muy extraño. Me bloquea.

Como usted sabe, es gerente de un importante hotel; en apariencia nos brinda a su hija y a mí todo lo que necesitamos. Viajes. Lujos. Servidumbre, pero en realidad sólo lo hace para desentenderse de nosotras.

Trabaja dieciocho horas diarias. Nunca nos acompaña los fines de semana. Dice que le estorbamos. Llega a casa medio borracho y con frecuencia sigue bebiendo solo.

De cada diez palabras que nos dice a su hija y a mí, nueve son groserías. Pero, claro, en la calle, se expresa con propiedad.

Yo siempre supe que era un poco violento. Pensé que se le quitaría. Fue al revés. Sus arranques empeoraron con el tiempo.

La primera vez que lo vi realmente histérico, no me lo va a

creer, fue cuando nació nuestra hija. Golpeó la pared con el puño, porque él quería un varón. Dice que las mujeres no servimos para nada. Ha sido terrible soportar su misoginia progresiva.

Luisa ha crecido escuchando mensajes contradictorios respecto a su feminidad. Ahora, tiene actitudes masculinas, viste de forma tosca y no le gusta maquillarse. Creo que en lo más profundo de su mente tiene grabadas las palabras que su padre siempre le dijo: "Tú debiste haber sido hombre". Por otro lado, reconozco que yo también la he confundido detallándole cómo las mujeres somos débiles, vulnerables y manipulables ante los ataques machistas. Me duele mucho escribir esto, pero el lesbianismo incipiente de mi hija es perfectamente explicable.

Giovanni contempla a diario sus películas para adultos y se enoja mucho si no las veo con él. Dice que es arte erótico. Tiene un gran aguante sexual. A veces, cuando no he querido tener sexo, en el instante preciso, lo he sorprendido masturbándose en el baño. Dice: "no te necesito para nada".

Por si fuera poco, hace dos meses descubrí que me es infiel. Fue desastroso observarlo desnudo mientras le quitaba la ropa a la contralora de su empresa. Ella se llama Lucero. ¡Es una mujer casada, de excelente prestigio!

¿Cómo puede haber tanta hipocresía en el mundo?

Busqué un vaso con agua.

Paloma se mordía las uñas en contorsiones cándidas a la usanza de una niña que espera su castigo después de la travesura.

Giovanni inclinó el cuerpo despacio, como quien contiene su moción decidida antes de atrapar una mosca. De un zarpazo repentino, me arrebató la carta.

—A ver ¿qué rayos dice aquí?

Paloma lo recriminó.

—No es para ti. Por favor —volteó a verme—. Dígale a mi esposo que esto no es para él.

Puse una mano sobre el brazo de la mujer.

—Tranquila. Permítale a Giovanni que lo lea. Este escrito sólo contiene *información*.

Ella dio un paso atrás. Cuando el gigantón se dio cuenta de que nadie le quitaría esa hoja, la arrugó y la lanzó al centro de la mesa.

—¡Bah! Conozco a mi mujer. Es una novelista frustrada. Le encanta escribir acusaciones.

—Se equivoca, señor Ulloa. Esta vez Paloma redactó hechos concretos —tomé el papel y lo extendí—. Léalos con objetividad.

Ese matrimonio tenía daños profundos. Para poder rescatarlo, Paloma y Luisa necesitaban perdonar a Giovanni; pero eso era imposible a menos que él se moviera hacia el terreno propicio: muriéndose, alejándose o (de preferencia) arrepintiéndose y prometiéndoles un trato diferente.

¡Qué difícil parecía la última posibilidad!

Giovanni no aceptaría sus errores. Y aún si lo hacía, los daños que había causado no se atenuarían con simples palabras de arrepentimiento.

Tenía que compensar...

COMPENSAR es indemnizar.
Sacar la cartera y pagar.
Apartar tiempo y dedicarlo.
Sufrir la vergüenza de una reparación pública.
Sacrificarse en beneficio de otros.
Devolver lo robado y un poco más. Quemar puentes.
Renunciar al pasado. Vender activos. Recomenzar.

Casi siempre queremos, aún después de aceptar nuestra culpa, salir invictos y que se nos perdone la deuda, (no lo vuelvo a hacer, te lo prometo); así, nos negamos a compensar. No lo hagas.

Las palabras sin hechos son demagogia.

Cuando cometemos actos de venganza Λ, (conscientes o no), estamos obligados a compensar el agravio.

Si me prestaras tu automóvil y yo lo estrellara, no sería justo que sólo te pidiera una disculpa. Tendría que comprarte otro auto igual.

Compensar es dejar de prometer y subsanar el daño *con hechos*. Poner un alto a las actitudes sobre las que (supuestamente) estamos arrepentidos y hacer cosas contrarias, remunerando a la gente que lastimamos.

Compensar es hablar menos y actuar más.

¿Quién es más convincente?

¿Un marido que le dice a su esposa: "perdóname por trabajar tantas horas", pero sigue haciendo lo mismo, u otro que *no dice nada* y organiza su agenda de modo que comienza a convivir y a salir de vacaciones con su familia frecuentemente?

¿Qué es mejor? ¿Decirle a tu cónyuge: "sé que tu madre necesita dinero, pero no te preocupes porque Dios la va a ayudar"?, o no decir nada y enviarle un cheque a tu suegra?

¿Qué vale más? ¿Explicar "estuvo muy mal que cayera en adulterio con la vecina, pero no va a volver a suceder", o no decir nada, vender la casa, cambiarte de domicilio con tu familia y alejarte de la tentación para siempre?

¿Quién es más digno de confianza? ¿Un hombre que dice a su esposa: "ya sé que te disgusta la pornografía, no me lo tienes que repetir" u otro que sin hablar quema todas sus películas y revistas?

Sin duda, hablar es fácil.

La lengua es un órgano poderoso, pero ladino y embaucador.

Los políticos mienten tanto, sobre todo cuando están en campaña, que el pueblo ha enfermado de incredulidad.

Deja sólo de hablar bonito. Acompaña tus bellas palabras con hechos.

Para subir este segundo nivel en tu vida afectiva y sexual *compensa* los agravios que cometiste.

Tu ser querido necesita saber que lo amas. ¡Primero, demuéstraselo, después díselo!

Paloma se había retirado sin avisar.

Nos dejó solos a Giovanni y a mí.

Él hizo a un lado la hoja, apretó los párpados unos segundos como si le ardieran las córneas, y después abrió los ojos, mirando hacia abajo.

Para mi asombro, no trató de desmentir lo escrito. No se defendió ni justificó. Aceptó los hechos con cinismo estoico.

—Soy un imbécil. Me convertí en lo que siempre odié...
Eso fue todo lo que dijo.

En su torpeza sólo pudo reconocerse como víctima de un fenómeno llamado proyección inversa: Los defectos de las personas que detestamos se proyectan en nuestra personalidad.

—Usted debe pedirle perdón a su esposa e hija —me miró con un rostro gélido, como de hierro—. Pero no sólo eso. También debe compensarlas —se puso de pie y estiró su cuerpo como quien acaba de despertar entumecido; lo seguí—. Todos nos equivocamos, señor Giovanni. El crecimiento verdadero ocurre cuando reconocemos el error y lo resarcimos —tomó su teléfono celular y comenzó a marcar—. No puede permanecer en una postura fanfarrona. Si fastidió las cosas debe compensar el agravio que ha hecho.

Devuélvale a su esposa e hija lo que les quitó.

Se dio la vuelta para hablar por su teléfono.

Suspiré experimentando una combinación de pesar e ira. Varias veces recibí el mensaje de que estaba malgastando mi tiempo. ¿Por qué lo consentí? ¿Perdí mi avión por nada?

Le dije a Giovanni, con mímica, que debía retirarme. Él respondió de inmediato agitando una mano en señal de despedida. No esperé más. Caminé con decisión hacia los elevadores del hotel.

Ahí lo comprendí. Invertí ese tiempo tratando de ayudar a una pareja de desconocidos porque estaba *compensando*.

Yo he recibido demasiados beneficios en la vida. Algunos son producto de mi esfuerzo, pero muchos otros simplemente se me han regalado sin merecimiento. ¿Qué importaba perder esa mañana o incluso dinero para reprogramar el vuelo si podía serle de utilidad a una pareja que atravesaba por problemas? En el secreto de mi pensamiento deseaba *compensar*. No soy ningún virtuoso indestructible. Por el contrario. Me siento tan vulnerable como cualquier persona. De modo que es un privilegio poder dar algo; nunca sabré en qué momento seré yo quien necesite de otros.

Recordé:

Dos meses atrás viajé con mi familia a África.

En Zambia, cerca de la frontera con Zimbawe, visitamos la aldea Mukuni, con más de cinco mil pobladores viviendo en condiciones de extrema pobreza. Entramos a sus chozas y percibimos la bondad, necesidad y desamparo de esa gente. Fuimos rodeados por cientos de niños pidiendo un dulce, muchos de ellos, enfermos, con tumores en el cuerpo, rodeados de moscas bullendo como hervidero del interior de sus oídos. La malaria, la fiebre amarilla y el sida entre muchas otras epidemias estaban diezmando a la población. Ese día acababa de suceder un fallecimiento. El hombre que nos despidió, vendiéndonos sus artesanías, tenía la boca reventada con un enorme sarcoma de kaposi producto del sida en etapa avanzada.

Es muy diferente caminar en medio de esas villas que verlas por televisión. El impacto del contacto directo es abrumador.

Mi hijo adolescente pudo discernir con absoluta claridad que todos esos niños al borde de la muerte eran *iguales* a él y que cualquiera de nosotros podía haber nacido ahí. Sólo un golpe de suerte nos separaba de ellos. Nunca he visto a mi hijo tan triste. Durante el resto de aquel día no pudo hablar, sus ojos se llenaban de lágrimas a intervalos. Esa tarde, al entrar a nuestro hotel propiedad de los ingleses que colonizaron aquellas tierras hace años, reconfirmamos con hechos tangibles un inexplicable contraste. El sentido de *compensación* que los seres humanos llevamos dentro se despertó y vibró en nosotros a flor de piel. ¡Deseábamos regresar a Mukuni y regalar nuestra ropa, zapatos, comida y medicinas con las que viajábamos! También deseábamos dar consuelo...

¿Alguna vez has visitado un hospital de enfermedades graves? ¿Has percibido el dolor de personas amadas cuando reciben noticias trágicas? ¿No has sentido el deseo de dar algo de ti al percibir el sufrimiento cercano? Eso es compensar.

Recordé a un amigo cuyo hijo fue desahuciado.

¡Era sólo un niño! No había vivido lo suficiente.

Mi amigo organizó un viaje espectacular para su niño. Aunque no tenía mucho dinero, se endeudó y le pagó limusinas, hoteles de gran turismo, atenciones especiales... lo llenó de cariño, besos, abrazos, palabras entusiastas y lo hizo sentir el niño más amado del mundo.

> Compensar es actuar para beneficio de otros. Moverse en la bondad. Darse *gratuitamente* (sin esperar recompensa). Brindar algo a quienes han sufrido injustamente.

Es un edicto de misión.

Los seres humanos debemos compensar todos los días.

Estoy convencido, incluso, de que las frecuentes aflicciones que sufrimos (pérdidas, enfermedades, dolencias, accidentes, quebrantos), son un mecanismo activo de la vida para mantenernos en un estado de *compensación continua*.

Sólo así, la humanidad ha podido sobrevivir y progresar.

Por ejemplo: ¿Quiénes han creado los grupos de apoyo para familiares de enfermos graves?, ¡las personas que han vivido con uno! ¿De dónde salieron instituciones como A.A., Al-anón?, ¡de gente que sufrió los estragos del alcoholismo! ¿Por qué se nos permite soportar padecimientos asombrosos o ver de cerca sufrimientos inexplicables?, ¡porque debemos hacer algo al respecto!: Ayudar, inspirar, financiar, organizar, consolar…

> Podemos compensar motivados por tres diferentes circunstancias:
>
> 1. Alguien nos sorprende haciendo algo mal y *nos obliga* a pagar el error.
> 2. Reconocemos nuestras faltas y *movidos por la culpa*, curamos a quienes lastimamos.
> 3. Entendemos que somos afortunados y, por un sentido de justicia, *voluntariamente* beneficiamos a quienes vemos sufrir.

Como puedes deducir, las tres motivaciones anteriores van de menos a más elevadas.

Queramos o no, de todas formas, *tenemos que* compensar, pero es mejor en el nivel 3 que en el 2 y mejor en el 2 que en el 1.

Estoy seguro de que si compensáramos más *de forma voluntaria* (nivel 2 y 3), la Creación no tendría que recordarnos ese deber y nos evitaría muchas tribulaciones.

Compensa por tu propia voluntad.

Una compensación forzada es un vulgar castigo impuesto por terceros.

Hazlo sin que te lo pidan.

De esa forma recuperarás la credibilidad. Y, *tal vez*, el amor de tus seres queridos...

Duele reconocer que fallamos y pagar.

Pero...

TE DESAFÍO.

A reconocer que has lastimado a otras personas.

A comprender que pedir perdón es necesario, pero, a veces, no suficiente.

A entender que debes compensar a quienes lastimaste:

—con dinero.

—con actos de servicio.

—con regalos.

—con tiempo de calidad.

—pidiendo disculpas públicas.

—cambiando de conducta.
—cumpliendo tus promesas.

Cuando llegué a la habitación del hotel para recoger mi equipaje, hallé un sobre que alguien había deslizado por debajo de la puerta.

Era muy tarde, pero ya no había prisa.

Me senté en la cama y lo abrí.

Paloma me había escrito otra hoja a mano.

Gracias por dedicarle tiempo a una pareja de desconocidos al borde del divorcio. Para mí es muy importante, pues aunque parezca ilógico, yo amo a mi marido y no quiero perderlo. Se preguntará por qué, si me trata tan mal. Verá:

Lo conocí en un colegio al que me inscribí como estudiante. Él daba clases de medio tiempo. Era profesor.

Toño, mi gran amigo, asistente de la Cruz Roja, fue quien me dio los datos de la escuela para edecanes y modelos en la que trabajaba Giovanni.

Cuando Giovanni me vio sentada en un pupitre el primer día de clases, me llamó de inmediato a un privado para hacerme muchas preguntas. Luego dijo que yo no debía estudiar ahí. "Pareces una joven inocente y aún estás a tiempo de ser salvada". Esas fueron sus palabras. No le entendí bien.

Por la tarde le pregunté a Toño "¿qué sucede" y él contestó: "nada, hermosa; tú ya eres una modelo, debes continuar tus estudios a como dé lugar; supérate; vas a llegar muy alto y yo siempre te voy a apoyar". Toño me halagaba mucho. Era muy amable y cariñoso conmigo.

El segundo día de clases, Giovanni ni siquiera permitió que entrara al salón. Al verme en el pasillo, me detuvo. "Necesito mostrarte algo". Lo seguí, hasta una cabina herméticamente cerrada. Se veía muy nervioso cuando la abrió. "Pasa rápido, mira". Había televisiones y cintas de video grabadas. "Soy profesor aquí desde hace tres meses, pero recién descubrí que esta escuela de modelos y edecanes es sólo un parapeto para reclutar prostitutas".

Insertó una película y de inmediato aparecieron escenas pornográficas. No quise mirar. Estaba desconcertada. Giovanni me dijo: "yo voy a renunciar pronto, sólo que antes estoy reuniendo pruebas para levantar una denuncia contra este lugar". Cuando salimos de la cabina yo comencé a llorar. Él me preguntó "¿qué te pasa?", Entonces le confesé. "Amo a Toño; confiaba en él; no entiendo por qué me mandó aquí.

Giovanni habló mal de su hermano: "tiene muchos problemas; es medio pervertido".

Después me invitó a cenar. "No", respondí "necesito tiempo".

Giovanni se ofreció a ser mi amigo, sin compromisos. Dejé de ver a Toño, (pero seguía pensando en él).

Entonces ocurrió algo inaudito: Comencé a ser acosada sexualmente. Varias veces creí ver a un hombre con pasamontañas y una cámara fotográfica siguiéndome. Me llegaban cartas anónimas con groserías. En mi bolso aparecían condones usados, imágenes sucias, láminas de hombres desnudos y fotografías mías que alguien tomaba con una lente poderosa. (Acercamientos de mis piernas y pechos). También recibía llamadas telefónicas obscenas y notas vulgares. Entré en crisis.

Giovanni me dio los datos de una amiga que trabajaba en las oficinas de Teléfonos Públicos. "Ella te ayudará a descubrir quién es el degenerado que te persigue". En efecto, la chica rastreó las llamadas y descubrió que todas salían de las oficinas de la Cruz Roja.

¡Yo no lo podía creer! ¿Toño? ¿Mi amigo, Toño?

Investigué más. Supe que Toño tenía una cámara antigua con lente de acercamiento. Supe que detrás de su timidez escondía un carácter obsceno y pervertido. Lloré mucho cuando lo comprobé.

Giovanni me salvó a tiempo de entrar a ese sitio de prostitución, me advirtió el peligro de su hermano y estuvo siempre a mi lado consolándome y apoyándome.

Tiene muchos defectos, pero me ha defendido siempre y sé que me quiere.

Ayúdenos, por favor…

Doblé la carta, me la eché a la bolsa tomé mi maletín y salí del hotel.

Cuando estaba subiendo al taxi que me llevaría al aeropuerto, Giovanni me alcanzó.

—Gracias por su tiempo. Lamento que haya perdido el avión.

—Sí. Ojalá hubiera servido de algo.

—Usted dijo en la conferencia de ayer que su trabajo era sembrar semillas, no cosechar.

—Tiene razón.

—¿Cree que podamos volver a vernos? Me gustaría explicarle algunas otras cosas.

Percibí en su mirada un destello de fogosidad, como el que sólo puede emitir un hombre adúltero cuando piensa en su amante.

—Cuando quiera —le di mi tarjeta—. Pero tendrá que viajar. Este es mi domicilio.

—Por supuesto.

octavo desafío

sé fiel

superando las zonas lambda (Λ) -venganza automática-, y xi (Ξ) -apatía expectante-

Lucero despertaba en Giovanni, deseos imprevisibles.

No era bonita, pero su porte elegante, potenciado por modales ejecutivos, voz profunda y dicción perfecta, le daban la apariencia de una geisha occidental.

Una tarde, Lucero tocó a la puerta de Giovanni. Él la hizo pasar de inmediato con ademanes de urbanidad, sin poder ocultar el brillo involuntario de sus córneas.

Ella abrazaba un paquete de folios misteriosos, como una dama que carga con delicadeza a su mascota dormida.

—Leí el manual de procedimientos que hiciste.

—¿Sí?

—Me gustó mucho.

No era habitual ser elogiado por documentos de trabajo que ni siquiera los dueños del hotel revisarían.

—Ven —dijo ella—, siéntate a mi lado. Quiero darte mis sugerencias.

Él se levantó despacio de su sillón.

Era del todo innecesario que fuera junto a ella a leer papeles que podían repasarse por dos personas desde los lados opuestos de la mesa. También resultaba imprudente cerciorarse de que la puerta de la oficina estuviese bien cerrada por dentro y que las cortinas no dejaran ni un resquicio de abertura entre los marcos de la ventana. Aún así, Giovanni realizó todos esos menesteres con parsimonia. Cuando se sentó junto a Lucero, supo de antemano lo que estaba a punto de suceder.

Ella era la ejecutiva de mayor categoría en esa cadena hotelera, la contralora magistral cuyo cariz de sapiencia y beldad la convertían en el sueño inalcanzable de todos los empleados.

Giovanni se imaginó a Lucero desnuda.

Tragó saliva. Tenía todo aquello de lo que Paloma carecía: refinamiento, coquetería sutil, cintura diminuta, vientre plano y pechos prominentes. Además estaba ahí, a escasos centímetros, fuera del horario de trabajo, en una oficina herméticamente cerrada.

—¿Qué me quieres mostrar?

—El organigrama vertical podría sustituirse por uno horizontal.

—Ajá… ¿qué más?

—Ya se me olvidó…

Los cuerpos emanaban la compatibilidad indecible de dos amantes dispuestos al suicidio con tal de experimentar el viaje de una droga ilegal.

Giovanni se acercó a Lucero y ella cerró los ojos. Se besaron primero con sutileza, luego de forma resuelta. Sus lenguas se tocaron tímidamente y la adhesión les produjo temblores eléctricos en la parte baja del abdomen. De manera automática, como si fuera el proceso natural del beso, Giovanni llevó sus manos hasta la blusa de Lucero y comenzó a desabotonarla.

Ella hizo lo mismo con la camisa de él.

Se separaron un instante para mirarse.

Fue el último vestigio de sensatez antes de dar el salto en el acantilado del que no había retorno. Los dos respiraban agitados.

Giovanni acarició con mucha suavidad la tela satinada del brasier y siguió la dirección de los elásticos. Ella se movió un poco para facilitar la maniobra. Él destrabó el seguro del sostén y regresó cauteloso al frente de sus pechos.

Eran enormes y erguidos.

Giovanni se consideraba experto en fisonomía femenina, de modo que hizo comparaciones rápidas. Los senos de su esposa pequeños, dúctiles y poco firmes, estaban conformados por cientos de minúsculas bolitas. En cambio los de Lucero carecían de glándulas mamarias; eran duros, de volumen consistente como el de dos pelotas de frontón.

En su afán por intelectualizar todo, no supo si prefería la tosquedad fascinante de la mujer natural o la rumbosa (casi increíble) simetría de la morbidez falsificada. Lo único claro en su mente era la locura que le producía el desnudo de esa compañera de trabajo desprovista de todo pudor.

Por su parte, Lucero permanecía sorprendida de cuanto estaba sucediendo. Después de su operación estética, varios meses atrás, se habían despertado en ella pasiones relegadas.

En algún sitio leyó que ciertas culturas de oriente medio castigaban a las mujeres infieles amputándoles la nariz.

Para reconstruirles la cara se creó la cirugía plástica.

Hoy, los patrones se han invertido en una forma curiosa: Como está de moda que las damas se practiquen liposucción o implantes de senos, señoras que habían perdido el atractivo sexual comienzan a ser aduladas por los hombres, y ellas mismas sienten la resurrección de su libido. Por eso, un alto porcentaje de mujeres que se someten a cirugía plástica de cuerpo, caen en infidelidad en los siguientes tres años.

Lucero leyó ese dato y lo experimentó en carne propia.

Sin quererlo, estaba pasando a formar parte de las nuevas estadísticas.

Walter Rizo publica:

> Solamente entre el 8 y el 15% de los hombres son infieles con prostitutas; la mayoría restante lo hacen con mujeres casadas o comprometidas. Es decir se necesitan dos, y uno de ellos indefectiblemente es mujer (no un marciano) [1].

Se calcula que más de un 60% de las personas son, han sido o serán infieles alguna vez.

Nadie está exento.

La infidelidad es otra forma de *venganza automática* (después de haber sufrido lastimaduras en su intimidad, la persona toma revancha, siendo desleal) y de la *apatía expectante* (como su relación de pareja ha caído en una rutina enfadosa, se deja llevar por las incitaciones).

Cualquier persona que haya permanecido suficiente tiempo en venganza automática (Λ) o apatía expectante (Ξ) será propensa a la infidelidad.

Por eso, es la causa número uno de divorcios.

Giovanni y Lucero se llenaron los bigotes con las mieles del placer prohibido, excitándose mutuamente sobre la ropa, por debajo de ella y sin ella.

A partir de ese día, y casi a diario, buscaban cualquier excusa para encerrarse en la oficina y repetir el juego. Salían después de un rato, con los ojos inyectados y la ropa interior mojada. Era un juego enfermizo y adictivo, más parecido a

---

[1] Walter Rizo. *Jugando con fuego*. Norma. 2000, Bogotá Colombia.

la calentura incontrolable de dos púberes imprudentes que a la supuesta sensatez de dos adultos cultivados.

Después, se atrevieron a más. Tomaban la llave de una *suite* desocupada en el hotel y se citaban ahí.

Acordaron, sin hablar, sólo acariciarse mutuamente hasta llegar al clímax sin tener contacto íntimo total y así, justificarse diciendo que sólo practicaron esparcimiento ingenuo.

Cuando hablé con Giovanni, le costó mucho trabajo aceptarlo:

> La infidelidad se da *mucho antes* de que exista una relación sexual completa.
> Por definición, existe infidelidad al momento en que una persona toca *eróticamente*, o busca *amorosamente* a otra que no es su pareja.

Piensa en dos personas de sexos opuestos.

Si eran amigos, ¿qué los hizo novios?

Si eran compañeros ¿cómo se convirtieron en matrimonio?

Muy simple:

Mediante un pacto de *fidelidad*.

Lo voy a repetir.

Ser fiel significa jamás tocar *eróticamente*, o buscar *amorosamente* a alguien que no es tu pareja.

Giovanni me objetó:

—Yo no firmé un acuerdo de exclusividad. Paloma sabía que a mí me gustaban otras mujeres, jamás le dije que sería solamente para ella.

—A ver —contesté—, usted no quiere entender que el pacto de fidelidad no necesita firmarse. Está implícito en *todas* las relaciones de pareja. ¡En todas!

—Pero hay culturas polígamas. Los hombres Masais, por ejemplo. Pueden tener tantas esposas como deseen y nadie lo toma a mal.

—Las tribus del Masaimara en Kenya, no son civilizadas —le dije—. Yo estuve en el Mara y conocí de cerca a los Masais. Ellos practican la circuncisión a la mujer. Les cortan el clítoris a las niñas, sin anestesia para que nunca sientan deseo sexual. Muchas mueren desangradas o por infecciones. El gobierno de Kenya ha creado albergues tratando de rescatar a las jovencitas que son oprimidas, cosificadas y denigradas. Sus conceptos de belleza incluyen la inserción de enormes aretes en las orejas, la extracción de los dientes y anillos reductores en el pene de los hombres. Como turistas, es folklórico e interesante ir a tomarse una foto con esos seres humanos atrapados en la prehistoria y aplaudir sus curiosas y extrañas costumbres conservadas por siglos, pero la verdad es simple: La poligamia es signo de incivilidad. Los hombres no somos animales. Tenemos la capacidad para elegir una sola pareja y tratar a la mujer con el mismo respeto que exigimos para nosotros. Decía Plutarco: "Hay maridos tan injustos que exigen a sus mujeres una fidelidad que ellos mismos violan". No importan los usos y costumbres de culturas míticas, lejanas, extintas, o futuristas. Para usted y para mí, hoy en día, el pacto de fidelidad es la base sobre el que se construyen *todos* los vínculos amorosos verdaderos (los que no están motivados por pura y absoluta promiscuidad).

Te lo digo a ti, también.

Si eres incapaz de cumplir el pacto de fidelidad cabalmente con una pareja, te queda una (¡y sólo una!) opción:

No tengas pareja.

Hoy en día las cosas son sólo de esta manera: Al momento en que dos personas inician su noviazgo o matrimonio, se juran ser sexual y afectivamente exclusivos el uno para al otro durante todo el tiempo que dure esa relación.[2]

El amor implica compromiso y renuncia a la vez.

Cuando yo elegí casarme con Ivonne, renuncié automáticamente y para siempre a las millones de mujeres disponibles para mí que quedaban en el mundo.

Parece irracional.

¿Vale tanto Ivonne como para que yo renuncie a todas las mujeres del planeta a cambio de tenerla sólo a ella?

Sí. Lo vale.

¿Sabes por qué?

Porque en el mismo momento en que renuncié a esa miscelánea infinita de mujeres disponibles, eligiendo a una sola, abrí para mi vida otro universo infinito de posibilidades extraordinarias (mis hijos, nuestro hogar, la historia de una familia única) que jamás hubiera abierto si no me hubiera casado con Ivonne.[3]

—Aunque yo quiera recuperar mi matrimonio —dijo Giovanni—, ¿cómo podría dejar a Lucero? Pienso en ella todo el tiempo. ¡Y la deseo! Nuestra atracción es tan bonita y natural, que ni siquiera sabemos cómo se dio.

—Pobrecitos animalitos sin voluntad propia.

—¿Se está burlando?

—¡Claro que sí! Usted debería pensar con la cabeza que tiene sobre los hombros y no con la que tiene en el pene. Señor Giovanni, lo que les pasó a usted y a Lucero puede sucederle casi a cualquier par de organismos pluricelulares que rompan sus barreras.

Entonces le expliqué este concepto.

[2] *Ibidem.*
[3] Concepto inspirado por Carlos Llanos y Fuentes. *Viaje al centro del hombre.* Istmo.

Todos tenemos barreras físicas.

Es lo que nos impide ser tocados, acariciados o besados por personas extrañas.

Jugando a derribar esas barreras con alguien, aunque sea de forma sutil, se genera la relación sexual.

Los hombres solteros hacen eso muchas veces. Rodean la cintura de su víctima y le van acariciando muy despacio todo el cuerpo. Cuando ella opone resistencia, él cambia la estrategia. Frota en otra parte menos comprometedora para luego regresar con lentitud a las zonas más íntimas. El seductor sabe que cada centímetro avanzado es un terreno conquistado y que la invasión del cuerpo deja a la mujer más indefensa poco a poco.

El juego de tirar barreras es tan emocionante que muchos jóvenes que lo practicaron no pueden dejar de hacerlo después de casados, con otras mujeres ajenas.

En las empresas, es común que los colegas de sexos opuestos se toquen demasiado y se pierdan el respeto. Ese es el inicio del juego.

—¿Le interesa su hija?

—Claro.

—Pues el adulterio no sólo encadena a la persona que lo comete, sino a toda su familia.

"Los hijos de personas infieles sufren trastornos psicológicos ($\Phi \rightarrow \Lambda \rightarrow \Xi$) de extrema complejidad y caen con mayor facilidad que otros jóvenes en sexo prematuro, drogas y abandono de estudios. Además quedan marcados de por vida y con muchísima frecuencia también se vuelven adúlteros cuando se casan, creando una cadena de desgracias por varias generaciones.

Giovanni asintió y echó mano de su estrategia favorita: llevar la conversación al terreno del debate intelectual.

—¿Y si Lucero fuera soltera y estuviese embarazada de mí? Es una pregunta hipotética. Quiero decir, ¿qué pasa con los hijos engendrados fuera del matrimonio?

Estaba poniendo a prueba mi paciencia. Respondí:

—Quien da sólo semen para la procreación se llama "semental", no "papá". Los bebés fecundados en adulterio son inocentes de toda culpa, pero tristemente nacen huérfanos de padre. Si Lucero estuviera embarazada, igualmente yo le recomendaría a usted volver con su esposa, Paloma.

—¿Y olvidarme del niño? ¿No le parece que eso sería injusto? ¡Creo que si un hombre ya cometió el error de tener dos mujeres y dos casas debe atenderlas por igual!

—Claro, siempre que ese hombre pueda fabricarse un clon. No, señor Ulloa. Es imposible darles una vida digna, emocional, afectiva, moral y espiritualmente a dos familias a la vez. El adúltero sí tiene el deber de enviarle dinero, de por vida, al niño que engendró fuera del matrimonio, pero en definitiva, está moralmente obligado a regresar con su familia original, reconocer el daño que hizo, compensar el agravio, pagar (insisto) una pensión vitalicia a la madre del bebé y permitir que esa mujer rehaga su vida hallando a un padre completo para el niño.

—¿Y si el hombre puede quedarse con el chico, y su esposa acepta adoptarlo?

—¡Eso sería otra cosa! El concepto clave aquí es que ningún niño debería tener como líder a un adúltero, bígamo, que le dé migajas de amor y le haga sentir todo el tiempo que su nacimiento fue un error. Por el contrario, cualquier niño, sin importar la forma como fue concebido, merece un verdadero padre que se haga cargo por completo de darle educación y afecto.

—¿Y qué me dice de la mujer que se presta para el adulterio? ¿Lo único que ganará de todo esto, si le va bien, es dinero?

—Así es, señor Ulloa. Usted lo ha dicho. Para mal o para bien; por eso tantas se prestan.

—Interesante.

—Ya me estoy aburriendo de darle palmaditas en la espalda. Paloma es *su esposa*. Su única mujer. Déjese de labia barata y actúe con honestidad. ¡Termine con Lucero!

—¿Pero cómo? ¡La veo a diario!

—Pues múdese de empleo o haga que ella se cambie.

—Es una excelente contralora.

—Hubiera pensado en eso *antes* de arruinar su relación laboral, porque, entiéndalo, ustedes ya no pueden trabajar juntos. Han roto sus barreras. Eríjanlas de nuevo. Las barreras sexuales fuera del matrimonio representan dignidad y honor. Vivir sin ellas acaba con la moral completa. Tenga el valor de decir "¡basta!", ¿eso le costará dinero? Pues lo siento. Despida a Lucero. Indemnícela. Se lo expliqué el día que nos conocimos. ¡Pague lo que sea necesario!: *compense el daño*.

—No puedo. Ella tiene más antigüedad que yo y los dueños de la empresa la aman.

—Pues entonces renuncie usted, múdese de ciudad; venda su casa y comience una nueva vida lejos de ella.

—Está exagerando.

—¿Exagerando? ¡Dese cuenta de lo que va a perder! Ningún esfuerzo es poco para salvar a su familia. Ni Paloma ni Luisa confían en usted. Las ha dañado mucho con actos deshonestos. Ahora revierta sus actos. Haga cosas honestas, a como dé lugar. Comprenda. Usted tiene un solo matrimonio y ese matrimonio existe gracias a un pacto de fidelidad. No siga infringiéndolo. Y aún voy a ir más a fondo: Incluso contemplar pornografía es equivalente a ser infiel. La pornografía le genera imágenes eróticas con mujeres ajenas y le ocasiona un pensamiento lascivo las veinticuatro horas del día. Por eso no puede ver una mujer sin desnudarla con la mente. ¡Por eso se arrojó sobre Lucero en cuanto tuvo la oportunidad! La pornografía humilla a su esposa, bloquea la comunicación profunda que podrían tener y le despierta a ella también el deseo sexual de acostarse con otros hombres. No sea bruto, Giovanni. Recupere su hogar amando a *una sola mujer*. La suya. Haga esa decisión en el secreto de su mente. Todo comienza ahí. Usted es infiel por lo que decide pensar. También puede ser fiel optando por generar nuevos pensamientos.

Lo mismo te digo a ti.

Piensa así:

Aunque estés viviendo un "simple" noviazgo, debes ser fiel, respetar y honrar a tu novio o novia, aún cuando no te vea… Si, de plano, no crees poder mantener un pacto de exclusividad, termina la relación.

Es preferible no tener pareja a no tener honradez.

¿Eres casado o casada?

Entiende que tu familia no es un error. Tu cónyuge no es un error. Representa justamente lo que necesitas. El único error aquí ha sido el que tú has cometido en tu mente para luego llevarlo a la práctica.

Así que…

TE DESAFÍO…

A dejarte de juegos tontos y aceptar que tu relación de pareja se fundamenta en un pacto de fidelidad.

A ser una persona íntegra, y cumplir ese pacto, cueste lo que cueste.

A tener el valor de dejar a tu amante, si la tienes, AHORA MISMO.

Paloma no solía llamar por teléfono.

En las jornadas de más dolorida soledad, optaba por recluirse y escribir. Pero aquella noche, el agobio la oprimió sobrepasando todos sus usos y preferencias. Marcó el número de mi celular.

Iban a dar las doce de la noche. Yo ejercitaba mi última e indefectible rutina diaria de leer en la cama, cuando sonó el teléfono. Revisé la pantalla. Nunca contesto si no reconozco la proveniencia de la llamada. Mucho menos a esas horas. Así que solté el aparato y seguí leyendo. Pero volvió a sonar. Dos. Tres. Cinco veces. Era demasiado.

—¿Sí?

—¡Fue él! ¡Dios mío! ¡Fue él!

Me senté sobre la cama.

—¿Quién habla?

—Paloma. Discúlpeme. ¡No sé qué hacer! Tengo miedo, pero también quisiera matarlo. Fue Giovanni. Apenas lo descubrí. Estoy en shock.

—Paloma, cálmese. ¿Su marido continúa siéndole infiel?

—¡Qué importa eso! Hoy encontré algo mucho peor. Me harté de vivir en la porquería, así que fui al closet donde esconde sus películas pornográficas. Destruí una por una. Sabía que él se enfadaría. No me importó, pero entonces hallé esas cosas… Ni siquiera comprendo por qué las conservó durante tantos años. ¡Está enfermo de la mente! Hasta el fondo de su escondite había un viejo sobre descolorido con notas vulgares y negativos de fotografías. ¡Las mismas que *alguien* me envió antes de casarme! También estaba la cámara antigua con telefoto. Giovanni siempre me dijo que era de Toño. Pero mintió. ¡El hombre con pasamontañas que me persiguió para aterrorizarme fue Giovanni!

—Espere. No conjeture.

—¡Es la verdad! Él llegó de trabajar hace rato y se lo eché en cara. ¡Lo aceptó todo! ¿Lo puede creer? ¡Giovanni ideó aquel plan macabro! El acoso sexual que sufrí. Las cartas, las llamadas telefónicas obscenas, los condones usados... Todo provino de él. ¡Lo hizo para alejarme de su hermano!

Permanecí mudo, perplejo, aturdido, tratando de asimilar la aserciones de esa mujer. Su vida era una historia de terror.

—¿Él está tranquilo? Quiero decir... ¿no cree que pueda lastimarla? Le recomiendo que tome a Luisa y salga de esa casa. Vaya con una amiga o con un familiar.

—Giovanni se encerró en el baño y está golpeando los muros con el puño. Jamás me ha lastimado físicamente y no creo que lo haga. Pero tiene razón. Voy a salirme de aquí.

Cortó la llamada.

Esa pareja vivía en una ciudad muy lejana, a tres horas en avión. Yo no podía hacer nada. Pero en toda la noche no pude dormir.

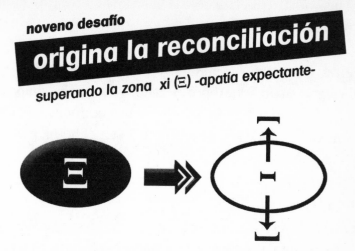

noveno desafío

origina la reconciliación

superando la zona xi (Ξ) -apatía expectante-

Como creía conocer a Paloma, lo primero que hice a la mañana siguiente fue abrir mi correo electrónico. En cualquier momento ella iba a *tener que* sentarse a escribir. (Algunas personas permanecemos cuerdas, gracias a eso).

Quise retomar el hilo de mi novela en turno. No pude. Nunca me saludó la inspiración, pero a media mañana llegó el e mail de Paloma.

Ya pasó la tormenta.

No sabe cómo he llorado.

Sobre todo por todos los errores que cometí (en la vida). Desde el inicio de mi matrimonio me enemisté con Toño y con mi suegra. Jamás les hablé, ni los visité. Para mí, no existían. (Se opusieron a que Giovanni y yo nos casáramos, y no les pregunté por qué). Siempre expresé: "Detesto a mi familia política; son personas repugnantes". ¡Qué equivocada estaba!

Anoche, Giovanni salió del baño y se enfrentó conmigo: "A ver, perra", me dijo, "ya me sacaste toda la sopa, ahora tú vas a cantar; ¿quién diablos te llamó para acusarme cuando yo estaba con Lucero en el hotel?"

Me encogí de hombros y respondí: "no sé ni me interesa".

Él insistió: "¿Quién te dejó la llave en la recepción? Fue Toño ¿verdad? ¡Dímelo!"

Contesté que no sabía. Entonces Giovanni se tiró de los cabellos y comenzó a caminar en círculo, hablando solo. "Mi hermano es un solterón frustrado; yo lo quise ayudar permitiéndole que hiciera las estúpidas inspecciones de protección civil y los simulacros de emergencia en el hotel, pero se puso a fisgonearme. Así me pagó el imbécil".

Tomó las llaves del auto y salió de la casa. Me di cuenta de que iba a reclamarle a Toño.

Fui tras él. Lo seguí en mi coche. Me estacioné detrás del suyo cuando llegó a la casa de su madre. Lo vi pateando la puerta. Toño abrió. Estaba en pijama. Giovanni le cayó encima a golpes. Toño se cubrió la cara, pero no se defendió.

Me bajé del auto. "¡Alto, detente!"

Mi marido, volteó, bufando: "¿Qué haces aquí, arpía?"

Toño quiso hablar, pero Giovanni lo agarró de la camiseta y lo aprisionó contra la pared. "Tú me has espiado, maldito; llamaste a Paloma para decirle que yo estaba con otra mujer y le dejaste un sobre con la llave de la habitación".

Toño estaba muy asustado. "No sé de qué hablas, hermano, revisa los registros del hotel. Desde el año pasado yo no me paro por ahí. Las inspecciones de protección civil las hacen otras personas".

Giovanni no aflojó la presión. Le gritó. "Siempre me has odiado porque te quité a la vieja que te gustaba". Entonces Toño se irguió un poco y respondió. "Hace mucho que te perdoné… ¡Paloma es tu esposa! Respétala. ¡Dale una vida digna! ¡Ella se lo merece!".

"¡Cállate!" Giovanni le propinó un bofetón.

Toño se quedó quieto. Desde pequeño estaba acostumbrado a recibir golpes.

Su madre salió. Es una mujer mayor de edad, enferma, pero aún puede caminar. "¿Qué sucede?".

Cuando Giovanni la vio, dio vuelta, subió a su auto y se fue.

Toño temblaba. Se había orinado en los pantalones. Tenía los ojos cerrados, como un niño aterrado ante las golpizas de su padre. Caminé hacia él y lo abrace. "Toño, amigo", le dije "perdóname, yo no sabía nada; Giovanni me engañó; tú eres el único hombre que me ha tratado bien en la vida. ¡Cómo te extrañé!"

Toño se soltó a llorar, pero no pudo abrazarme.

Me aproximé a mi suegra. Es una buena mujer. Su único pecado fue enamorarse de dos hombres equivocados. El primero, golpeador, el segundo adúltero. No podía juzgarla, porque sólo cometió el mismo error que yo. Nos abrazamos y lloramos juntas por mucho tiempo.

¡Cómo me duele haber comprendido que mi vida llegó a estos extremos horribles porque no hice nada antes! ¡Jamás aclaré las cosas con Toño! No lo escuché. Me enfadé con mi suegra y cerré el libro para no volver a abrirlo.

Mis problemas conyugales se agrandaron lenta, gradual, casi imperceptiblemente con los años, ¡y yo me resigné!, siempre creyendo que todo mejoraría por sí solo.

Ante la gente, aparentaba que mi vida iba bien. Era una buena actriz.

Desidiosa para generar cambios de fondo, todo lo solucionaba fingiendo. Incluso en mi vida íntima. ¡Jamás he tenido un orgasmo! No sé lo que eso significa. Aprendí a emitir gemidos y a gritar como se ve en las películas. ¡Pero sólo era un teatro burlesco para hacerle creer a Giovanni que disfrutaba! ¡Me mantuve callada! Sin pedir ayuda a un médico, sin charlar con mi marido, sin hablarle a mi cuñado ni a mi suegra...

Disculpe tantas molestias, pero de algo le ha de servir todo lo que le he contado. Al menos podrá decirle a la gente que no se quede quieta cuando las cosas vayan cada vez más mal.

No hay nada peor que la apatía expectante.

Hace poco leí el libro de récords Guinness. El cabello de Hoo Sateow, un curandero de Tailandia, medía 5.25 metros de largo[1]. Lo llevaba enrollado debajo de un turbante en el que se reproducían piojos y otras alimañas.

A ese fenómeno de suciedad acumulada y crecimiento insano están expuestas todas las relaciones afectivas.

Paloma y Giovanni dejaron que los microbios proliferaran y las prácticas nocivas aparecieran una tras otra.

Lo mismo nos puede ocurrir.

Si no comenzamos a hacer algo para acabar con la desidia, nuestros más inestimables vínculos terminarán como el cabello de Hoo o la vida de los Ulloa.

Repasemos nuestra tesis básica.

Después de sufrir heridas intrínsecas (Φ), y vengarnos de forma automática (Λ), caemos, sin darnos cuenta, en un estado de desidia en el que esperamos el cambio de actitud ajena; se llama apatía expectante (Ξ).

Haz un análisis de tu propia apatía expectante.

Cuando tienes problemas con tu pareja ¿aguardas a que ella tome la iniciativa para solucionarlos? ¿Has permitido que el tiempo enfríe los afectos que alguna vez fueron cálidos?

La apatía expectante destruye lentamente cualquier relación. Actúa como el óxido que carcome cada día las estructuras metálicas del puente hasta que lo hace colapsarse.

Ejemplos perfectos (aunque no exclusivos), de esta condición humana son siempre los vínculos con familiares políticos.

1 *Guiness World records*. Cuerpos extraordinarios.

No necesitas preguntarle a Paloma. Si eres casado o casada me entenderás. Sabes lo difícil que es llevarse bien con eso que llaman:

"El rabo de la cebolla".

Aún si eres soltero o soltera, de seguro habrás presenciado casos de distanciamientos familiares en los que predomina una terrible negligencia por ambas partes. ¡Todos tienen algo de culpa y ninguno se digna a franquear la distancia para hacer las paces!

Muchas veces los hermanos políticos, primos, suegros, nueras y yernos se soportan, pero no se aman. Aunque se saludan con aparente gentileza, en el fondo quisieran verse lo menos posible...

Tú conoces las consecuencias de no cortarle el cabello a esas relaciones.

Una tarde, mi esposa me dijo:

—Quiero que le hables por teléfono a mi hermano y te reconcilies con él.

—¿Para qué? Ambos estamos demasiado ocupados.

Traté de seguir escribiendo, pero perdí el hilo de las ideas. Ivonne se quedó de pie junto a la estación de trabajo.

—Hoy es su cumpleaños. Quiero que le hables por teléfono y lo felicites.

—¡No lo voy a hacer! Entiéndelo.

—¿Por qué no? Yo lo necesito... Te amo a ti, pero también lo amo a él. ¿No te das cuenta? Forma parte de mi vida. Debe existir alguien con la calidad humana suficiente para propiciar la reconciliación. ¿Por qué no tú?

—Prefiero escribirle una carta.

—Mejor háblale en persona.

—No.

Mi esposa suspiró.

—De acuerdo, pero haz algo.

Entonces comencé a redactar:

Cuñado:

Hace varios meses he tenido el deseo de hablar contigo, pero nuestra comunicación personal está cortada y dañada.

Tú y yo fuimos el tipo de amigos que podían hablarse claro y pasarla bien mientras trabajaban. Sin embargo, también competimos y abrigamos resentimientos.

En una cena familiar ¿te acuerdas? Discutimos por tonterías; nuestras familias tomaron partido y se armó una disputa colectiva. A partir de entonces dejamos de frecuentarnos.

Estás muy lejos de ser el papá y esposo perfecto, pero ¿quién está cerca? Por ¡supuesto yo no!

Ya han pasado muchos meses de aquella discusión. ¿No te parece que valdría la pena olvidar nuestras diferencias y darnos la mano de nuevo?

¿Por qué no vienes al cumpleaños de mi hijo y traes a los tuyos y jugamos como antaño?

Cuñado, yo no soy tu enemigo. Tampoco quiero causar conflictos en tu casa. Lo que deseo es decirte que extraño muchísimo a mis sobrinos; que te quiero a ti y a tu esposa, que quisiera hacer las paces con ustedes. ¿Es imposible? ¿Por qué (rayos)? Mientras tengamos vida, nada es imposible. ¿Difícil? Eso sí (siempre es más fácil destruir algo que construirlo o peor aún reconstruirlo), pero tú y yo hemos construido y reconstruido empresas mucho más difíciles que esta (y menos importantes).

Podríamos hacer una lista de errores para reclamarnos y echárnoslos en cara mutuamente, pero te propongo algo: Quememos esas listas y olvidémoslas para siempre.

¿Cómo ves? ¿Crees que podríamos empezar una relación? ¿Borrón y cuenta nueva? ¿Como si acabáramos de conocernos?

Para hacer eso se requiere un alto grado de madurez, algo que no se le puede exigir a los niños o a los jóvenes, pero tú y yo somos hombres, cabezas de empresas y de una familia. Somos personas preparadas e inteligentes.

Honestamente, me acerco a ti en buena lid, con transparencia y sinceridad para tenderte mi mano. No guardo ningún rencor. Te pido que tampoco tú lo hagas. Si me das la oportunidad de ser tu amigo otra vez, verás que jamás recibirás de mí una traición. A veces tus mejores aliados en la vida pueden llegar a ser los que alguna vez fueron tus adversarios. Yo quiero ser tu aliado. Estoy seguro que lograremos más cosas juntos que separados...

Apenas estaba terminando de escribir la carta, cuando entró todo un séquito a mi estudio. Ivonne traía el teléfono inalámbrico y mis hijos la seguían. Todos cantaban alrededor del aparato telefónico "feliz cumpleaños".

Me invitó con un gesto a unirme al coro.

Lo hice desganado y desafinado.

Al terminar la canción, uno a uno saludaron al hermano de mi esposa. Al final, llegó mi turno. Esbocé un gesto negativo indicando con mímica que acababa de escribirle una carta y prefería enviársela.

Ivonne pareció no comprender. Dijo al aparato:

—¡Mi marido quiere hablar contigo! Te lo paso.

La acribillé con los ojos.

Tomé el teléfono y saludé, titubeando.

—Bueno... Hola... hermano... yo... —mi vista se posó en el monitor de la computadora; ¿sería válido leer, fingiendo que estaba hablando? No... moví la silla para evitar la tentación. Mi esposa me dio un beso en la mejilla y salió del estudio con los niños—. ¿Cómo has estado?

—Bien ¿y tú?

Recordé la época en que nuestros cabellos estaban recortaditos. ¿Cómo habían crecido ensuciándose tanto?

Sólo pude proferir:

—Te echo de menos, amigo…

Mi cuñado estaba más desenvuelto.

Me dijo que durante meses había estado pensando en llamarme. Me explicó cuan triste se sentía de haber tenido que mudarse lejos después de aquel altercado conmigo. Explicó la forma en que amaba a mi esposa y a mis hijos. Dijo cuán necesitado estaba de rehacer nuestros lazos y la manera en que me admiraba y me quería. Yo hablé poco. Me la pasé escuchando sus palabras conciliadoras; no pude evitar las lágrimas de un hombre que se reconcilia con otro hombre. Es algo poco común, pero cuando ocurre, se fortalecen muchas relaciones paralelas. Espiritualmente abracé a mi cuñado a la distancia; le deseé con todo el corazón lo mejor para él y para su familia.

Salí del estudio, mi esposa me estaba esperando. Me preguntó cómo me había ido y no pude decir palabra.

Los párpados se me llenaron de lágrimas otra vez.

De cualquier modo mandé la carta.

Él no me contestó, pero todo volvió a tomar su lugar.

Al reconciliarme con mi cuñado noté a mi esposa más cariñosa conmigo. El hecho trascendió en todos los aspectos de nuestra unión conyugal (en todos).

Entonces comprendí que cometemos un grave error al tratar de alejar a nuestro cónyuge de su familia de origen.

Cercenando impunemente la naturaleza intrínseca de nuestro esposo o esposa, perdemos más de lo que ganamos.

Los seres humanos somos entidades complejas con muchas conexiones secretas que nos dan vida y felicidad.

Las personas estamos soportadas por nuestros afectos.

Escúchame. Tú no creaste a tu pareja uniendo sustancias en una probeta. Ya existía desde muchos años antes de conocerte y estaba emocionalmente fusionada con otros seres humanos. Así que al momento de elegirla, aceptaste todo el "paquete" que venía con ella. No tienes derecho a mutilarla ni a castrarla. Tu pareja ama y necesita a su familia de origen. Te guste o no.

(Si querías a alguien desligado por completo del mundo, te hubieras casado con un muñeco inflable).

Déjate de puerilidades y toma la iniciativa: sana tus relaciones con familiares políticos...

Se requiere madurez para poner las cartas sobre la mesa con verdaderos deseos de llegar a un acuerdo y hacer las paces, pero tanto ellos como tú son mucho más maduros de lo que crees. Prueba.

Incluso voy a atreverme a hacer una aseveración más temeraria.

¿Eres casado(a)?

La madre de tu pareja es tu madre también.

Si formas un solo cuerpo con tu cónyuge, eso significa que sus lazos consanguíneos son tuyos.

Deja de ver a tus suegros como rivales indeseables y comienza a verlos como a tus propios padres.

Aunque tengan defectos (tal cual los tienen tus papás), necesitan cariño, consejo, comprensión y apoyo.

¡No los juzgues más! ¡Para de atacarlos!

Sal de ese encierro absurdo y dales la mano con una mirada honesta.

¡Puedes hacerlo!

Y aún voy a seguirte desafiando:

Una manera clara de demostrar amor es *dando dinero.*

Cuando tienes suficiente amor por tu pareja no te importa gastar en ella. Cuando llegas a amar lo suficiente a tu iglesia, le brindas ofrendas generosas. Si amas de verdad a la gente necesitada, la ayudas con un cheque…

Este concepto es tan incómodo que tendemos a rechazarlo de inmediato. No lo hagas.

Compréndelo: Tú sólo *regalas* dinero a las personas que amas.

Y en el amor existe una norma llamada de *generación inversa*: Si quieres sentir afecto, compórtate como si lo sintieras.

Así que, sobre todo si eres hombre, comienza a dar dinero a tus suegros para su manutención o incluso para sus lujos. Eso te ayudará a amarlos más. Es tu deber y tu privilegio.

Por supuesto, el dinero no lo es todo ni es suficiente para demostrar amor. Además debes brindar atenciones, cuidado, tiempo de calidad y palabras afectuosas.

¡Ya basta de abrazos y besos hipócritas! Has dado demasiados.

También cuida a tus padres...

¿Aún viven? Visítalos. Escúchalos. Interésate por sus sentimientos. Sé paciente con ellos. Dedícales una tarde a la semana. *¡Toma la iniciativa!*

Me contaron que hace años en el periódico principal de Madrid se publicó este anuncio: "Paco: Soy tu padre. Quiero decirte que todo ha quedado olvidado. Encontrémonos el próximo viernes a las cinco en el Hotel Valladolid. Anhelo abrazarte".

Ese viernes, a la hora indicada en el Hotel Valladolid había una multitud de jóvenes que se llamaban Paco. Todos deseosos de reconciliarse con su papá.

El lazo que te une a tus padres es de suma importancia.

Eres mitad de un hombre y mitad de una mujer. Estás conectado a ellos por un legado de implicaciones genéticas y espirituales. Por eso debes reconciliarte con ellos y perdonarlos.

Como padre, he tenido la dicha de cuidar a mis hijos veinticuatro horas al día, sacrificarme y darles todo mi amor… Al hacerlo he comprendido la forma que mis padres ofrendaron su vida por mí, educándome y atendiéndome también. ¡Yo nunca los valoré!

La mayoría de los jóvenes son proclives a juzgar y a condenar a sus papás, pero hay una ley universal que dice: "Para que tengas larga vida y te vaya bien, debes honrar a tus padres". Si esa ley se cumple, incluso desde el punto de vista egoísta, te conviene honrar a tus papás, porque ¿a quién no le gustaría tener buena fortuna y vivir muchos años?

Si eres casado y tienes hijos, enséñalos a honrar a sus abuelos. Los niños graban todo en su mente. Cuando tú seas mayor de edad, recibirás de tus hijos exactamente el mismo trato que ellos te vieron dar a tus padres.

No te hagas a un lado ni leas esto con indiferencia. La relación entre tú y tus papás podría ser mejor. Reconócelo. Doblega tu orgullo y deja de señalar los errores que cometieron contigo. Acércate a tu mamá y sana sus heridas. Ve con tu papá y bríndale tu apoyo. No los critiques más.

Tu familia necesita un héroe. Por eso…

TE DESAFÍO…
A que te conviertas en el héroe que hace falta.
A que comprendas de una vez que el amor exige sacrificio.

A dar tiempo, dinero y trabajo a quienes amas.

A tomar la iniciativa y reparar aún las relaciones malas a las que te has habituado.

A comprender que todo comienza contigo y es tonto esperar que otros hagan algo.

Por mucho que consideres tu conciencia limpia, entiende esta premisa básica: Si has caído en apatía expectante tú eres responsable principal y debes corregir el rumbo de las cosas.

Descruza esos brazos y prepárate a la acción.

¿Tus noviazgos no han funcionado? Deja de lloriquear por el mundo y pon manos a la obra en un plan estratégico para que eso deje de suceder.

¿Estás a punto del divorcio? Deja de culpar a tu cónyuge y haz algo *tú.* Resuelve el problema. No te conformes con la derrota.

¿Tu vida sexual no es satisfactoria? ¿Qué esperas, entonces? Haz una cita con un terapeuta sexual. Lee un libro sobre técnicas eróticas. Ten una larga y cuidadosa conversación con tu pareja para que te explique lo que a ella le gusta y para que tú le digas lo que deseas.

Siempre existen alternativas de acción. No te conformes viviendo en la mediocridad de la apatía expectante. Haz algo, ¡ahora!

Existen retos específicos sobre amor y sexo que deberás enfrentar, dependiendo si eres hombre, mujer, casado o soltero.

En los siguientes capítulos hablaremos de ellos.

SEGUNDA PARTE

RETOS SEXUALES ESPECÍFICOS PARA CADA GÉNERO Y ESTADO CIVIL

NOTA:

En esta segunda parte sólo hay un capítulo para ti. Estudia el que corresponde a tu sexo y estado civil. Después procede a leer el epílogo y pon manos a la obra.

sólo para hombres casados

superando la zona xi (Ξ) -apatía expectante-

Dicen que los hombres no leemos.

Tú y yo somos la mejor prueba de que eso es mentira.

Me agrada que seas un hombre casado, igual que yo, porque cojeamos del mismo pie. Tenemos tentaciones similares y esposas que nos reclaman cosas parecidas. (Deberíamos ser más sensibles, detallistas, hacendosos, decididos y organizados; mejorar nuestro carácter, dar tiempo de calidad a la familia y no pensar en el sexo obstinadamente).

¿Te suena conocido?

¿Has hecho todo lo posible por ganar más dinero y mejorar como persona, sólo para llegar a la conclusión de que nunca es suficiente?

Cuando nació mi primera hija, le escribí una carta.

Son las tres de la mañana. Todos duermen. Estoy aquí contigo. Atento a cada uno de tus movimientos.

Esta noche te he hablado en voz baja; he besado tus piecitos y te he mirado largamente...

Durante el día me aparto porque hay muchas personas alrededor. Tu abuelita, que ha llegado desde lejos para cuidarte, te carga todo el tiempo, te hace ruidos y te habla como si fueras tonta. No sé porqué me molesta tanto, ¡siento celos de las personas que me apartan de ti porque creen que soy un hombre *inútil* que no sabe tratar a los bebés!

Tienes apenas diez días de nacida y fuiste prematura, así que eres muy pequeña, pero sé que crecerás y serás el mayor orgullo de mi vida.

Cuando te vi por primera vez sentí un poco de miedo. Pensé en que debo trabajar más, para poder darte lo mejor. Ahora te tengo en mi mente de día y de noche.

Has cambiado mi vida, princesita, te esperé siempre y me llena de dicha platicar contigo en esta habitación.

Yo no soy mujer.

No puedo presumir de que tuve dolores de parto o que sé todo respecto a la educación de hijos. En realidad no sé nada. Sólo sé que te amo, que cuando te miro, mis ojos se llenan de lágrimas y mi ser entero vibra de emoción.

Nunca me imaginé cuan fuerte podría ser para un hombre la alegría de convertirse en padre.

Tal vez tú has llegado a sentir algo parecido. Quizá también fuiste menospreciado y te diste la vuelta para alejarte. Al principio con tristeza, pero después con gusto, porque te convenía.

Ésta es la verdad:

Siempre es más confortable que nuestras esposas críen a los hijos, los alimenten, les hablen de religión, se ocupen de las tareas escolares y los lleven al doctor, mientras nosotros nos escondemos en el trabajo, argumentando que tenemos infinidad de problemas.

La automarginación afectiva no es muestra de hombría, sino de todo lo contrario.

Analiza los siguientes supuestos.

Sé sincero. No tienes que caer en todos, pero si alguno de ellos resulta afirmativo, indica que has perdido el liderazgo de tu hogar (o al menos parte de él).

—Te has vuelto un adulto ocupado que se la pasa regañando.

—No tienes tiempo de enseñar cosas nuevas a tus hijos.

—Ya ni siquiera sabes cómo jugar con ellos.

—Han dejado de ser corteses contigo, rezongan y objetan cada cosa que dices.

—Tu esposa ya no te platica lo que le preocupa.

—Las órdenes que ella da, pesan más que las tuyas.

—Te sermonea o hace quedar mal cada vez que te equivocas.

—Ella toma la iniciativa, organiza y supervisa los asuntos importantes.

—Ella decide qué hacer y a dónde ir en el tiempo libre.

—Te sientes como un simple proveedor económico.

—A veces prefieres llegar tarde a casa.

—Vives para el trabajo.

Amigo, reacciona.

Si eres hombre de verdad, debes tomar la batuta, ponerte al timón y salir de tu concha.

Comienza apareciéndote más seguido por donde haces falta.

Pero cambia de humor.

Deja de gritar y regañar.

Tu esposa y tus hijos no necesitan al verdugo sabelotodo sino al líder alegre, capaz de inspirarlos.

Tú conoces teorías sobre administración.

Sabes que al guía se le respeta por sus hechos y entusiasmo, nunca por sus amenazas.

Lee el siguiente texto[1]:

¡Si tu esposa es alegre y realizada, te felicito!, seguramente la has impulsado a convertirse en lo que ella merece ser. Pero, en cambio, si está un poco amargada, quizá se deba a que te has dedicado a insultarla o la has dejado sola con todas las responsabilidades del hogar. ¿Te esfuerzas por mantener una imagen exitosa ante el mundo, pero has fallado como hombre al momento de cuidar a tu reina? ¿Crees que ella es fea? ¿Y no será que tú no la motivas a que se sienta hermosa? ¿Piensas que es sexualmente fría? ¿Y no crees que tú deberías ser el verdadero galán capaz de seducirla y hacerla vibrar? ¿Temes perder tu liderazgo? Escucha. El líder real es amado y admirado, primero que nadie por su mujer.

Es tiempo de reconquistar.

En el barco de tu hogar, tú deberías ser el capitán. Así que vuelve al timón.

Aunque tu esposa tiene toda la habilidad para tomar decisiones directivas y encauzar a los hijos, no estamos hablando de "capacidades" sino de "responsabilidades".

En pocas palabras, ser líder es tu trabajo.

Cuando tomes el lugar al frente, tu mujer se sentirá aliviada. Le quitarás una carga.

Atrévete a ser hombre:

Comienza independizándote de otros familiares.

No es correcto que vivas con tus suegros.

Está mal que permitas a tus padres, hermanos o cuñados entrometerse.

Deja de portarte como marioneta.

[1] CCS. *Mujeres de Conquista*. Ediciones Selectas Diamante. México. 2005.

Deshaz cualquier arreglo que hayas elaborado de vivir bajo el mismo techo con otros parientes. Quizá deseas ayudarlos o te dan algo a cambio, pero sin importar la clase de acuerdo que tengas, pierdes mucho más de lo que ganas. ¡Despierta! Jamás serás merecedor de respeto como líder mientras tus padres, cuñados o suegros sigan "metiendo las narices" en tu vida conyugal y tomando decisiones que tú deberías tomar.

No estoy diciendo que te alejes de ellos para siempre, porque, como ya lo discutimos, son parte esencial de tu pareja. De lo que estoy hablando es de poner límites.

Convivir con la familia es maravilloso. Aprende a hacerlo. Enséñales a hacerlo.

Tú podrías vivir en la misma calle o incluso en el mismo edificio (nunca en la misma casa) que tus parientes, siempre que te independices mental y económicamente de ellos, marcando lineamientos de convivencia sana.

El hombre verdadero forma junto a su esposa un hogar en el que él es el proveedor y cabeza, no mantenido por su papá o suegro.

Sacúdete la modorra y atrévete a declarar tu independencia. Mientras no lo hagas serás un hombre a medias.

Ahora toma control de tus actos secretos.

Nada puede desilusionar más a tu familia que descubrirte diciendo mentiras o realizando acciones indebidas.

Tu autoridad se sustenta en la coherencia.

Somos hombres en la medida en que tenemos "palabra de honor", y actuamos en una sola línea.

¿Qué pensarías de un importante ejecutivo a quien se le descubre vistiendo como mujer y bailando en un show de travestis por las noches? (supe de un caso así). ¿O del marido gañán a quien sus hijos sorprenden siendo adúltero con otro hombre?

¿O, para no exagerar en los ejemplos, de un señor prestigioso a quien se le desenmascaran fraudes y mentiras en la empresa?

Jamás olvides este principio de la verdadera hombría:

La caballerosidad no es un asunto de apariencias, sino de esencia y congruencia. El hombre auténtico no esconde secretos sucios; es de una sola pieza y demuestra integridad, aun después de su muerte. ¿Cómo? Analiza este ejemplo:

Un importante líder falleció hace poco.

Fundó y dirigió varias empresas. Hizo fama de hombre sabio.

Toda su familia se reunió con la viuda, varios días después del funeral. Privaba un ambiente de admiración hacia el difunto. Nietos, hijos, sobrinos y hermanos hablaban maravillas de él.

La viuda propuso ir a la sala de su esposo para repartirles algunos libros y pertenencias. Lo hicieron en silencio, sintiéndose honrados.

Entrar a ese sitio era como visitar un santuario. La pulcritud y el orden resultaban admirables. En los libreros había enseres acomodados a la perfección.

La viuda comenzó a entregar algunos recuerdos como quien da pedazos de su corazón.

Cuando todos tenían al menos un objeto en sus manos, el hijo mayor se percató de que la última gaveta del escritorio estaba cerrada con llave. Seguramente contenía documentos personales.

Siguieron repartiéndose algunos libros. Al sacar el tomo más grande del anaquel, cayó al piso una llavecita.

—¿Será del cajón? —preguntó alguien.

—Quizá.

—¿Lo abrimos?

—¡Claro! —dijo la viuda—, ¡adelante!

El hijo mayor se adelantó.

Al jalar la manija salió a la luz uno de los secretos mejor escondidos del abuelo.

Pornografía.

De la más sucia y explícita.

También había fotografías de prostitutas y mujeres en posiciones obscenas tomadas de forma directa *con la cámara personal del hombre*. Él aparecía en algunas tomas.

El hijo cerró el cajón de forma rápida.

—Necesitamos que se salgan del estudio las mujeres y los niños.

Los hombres sacaron todo lo que había en la gaveta. Decidieron destruirlo, pero dentro del corazón de esa familia se fracturó para siempre la admiración y los buenos recuerdos que tuvieron de su líder.

La historia es verídica, y no me extrañaría que se repitiera.

Tal vez en tu casa.

Sí. Leíste bien.

¿Estas seguro de que no morirás mañana? ¡En cualquier momento puedes pasar a mejor vida y tus seres queridos (que te admiran), hallarán la colección "privada" que tal vez tienes escondida.

Quizá guardas algunas películas xxx y te entusiasma verlas de vez en cuando. Tal vez incluso, como Giovanni Ulloa, le has enseñado a tu esposa a excitarse con ellas, antes de hacer el amor.

La pornografía no sólo te provoca a ti un hábito de desnudar con la imaginación a las demás personas, sino que también se lo produce a tu esposa.

Lee el siguiente testimonio real de una mujer.

Yo jamás había mirado hacia los genitales de los hombres que pasan cerca de mí. Pero después de ver tanta pornografía con mi esposo, ahora lo estoy haciendo. Y es lógico. Tengo quince años de casada; a un ritmo promedio de dos relaciones sexuales por semana con mi marido, he hecho el amor más de mil cuatrocientas veces. Conozco a la perfección la fisiología masculina; puedo sentir curiosidad por conocer a otros hombres. Sobre todo cuando ya lo he hecho virtualmente en la televisión junto a mi esposo. Sin darse cuenta, es él quien ha pervertido mi pensamiento y me ha enseñado a serle infiel.

Así que, mi amigo, voy a decirte algo que puede incomodarte.

¿Después de ver pornografía con tu mujer cierras los ojos y te imaginas que estás tocando a la actriz porno que acabas de ver en la tele? ¿Cuando te hallas en plenas contorsiones sexuales piensas que estás haciendo esas gimnasias con otra? Pues te tengo una mala noticia. Ella está haciendo lo mismo que tú. También cierra los ojos y se imagina que el hombre que la está poseyendo es ese sujeto musculoso que acaba de ver contigo en la televisión.

No seas tonto. La práctica destructiva y decadente que has permitido en tu alcoba tiene que parar.

Además, es sumamente perjudicial para tus hijos.

Los niños que ven pornografía prematuramente, sobre todo si proviene de una fuente que les da cobertura (sus propios padres), son lastimados en su intimidad secreta (Φ), confundidos en su autoestima y condicionados psicológicamente al sexo precoz y a la homosexualidad (Λ). Te comparto algunas de las ideas científicamente comprobadas[2]:

---

[2] Tim La Haye. *Homosexualidad*. Mundo Hispano. USA. 1990.
También recomendado: Mike Haley. *101 preguntas frecuentes sobre la homosexualidad*. Casa creación. 2005. USA.

Como antecedentes que podrían originar predisposición homosexual *en la niñez*, se cuentan los siguientes: Sufrir incesto, ser víctima de abuso sexual, ver adultos copulando, presenciar hombres masturbándose, contemplar pornografía explícita.

El despertar prematuramente al sexo provoca en los niños morbo precoz, malicia, asco y a veces rechazo subconsciente a las relaciones heterosexuales.

Lo mismo sucede cuando los niños conviven muy de cerca con homosexuales (maestros, choferes, niñeras, cocineros, etc.), pues ellos suelen empeñarse en transferir su ideología a los pequeños.

Así que, deshazte de toda la pornografía. Quémala. Destrúyela. Acaba con ella.

Un hombre me decía:

"Mi esposa no me excita más. Hemos perdido magnetismo, por eso usamos algunas ayuditas".

Si has llegado a pensar así, déjame sacudirte las ideas.

La atracción química en la pareja, sólo se da cuando es recíproca. Así como piensas de ella, ella piensa de ti.

Si tu esposa no te excita, quizá es por tu culpa. Voy a hacer unos supuestos exagerados. No me lo tomes a mal. ¿Cómo va a excitarse una mujer viendo a un hombre fláccido con una enorme panza peluda?, ¿de qué forma va a concentrarse en el amor si necesita guardar la respiración cuando su esposo trata de besarla?, ¿cómo querrá entregarse si precisa fingirse dormida (en realidad se desmaya) cuando su hombre levanta los brazos para dejar que se expanda por el cuarto un olor que ahuyentaría a los leones del Serengueti? Amigo, ninguna mujer puede tener orgasmos automáticos con un hombre que se ha dedicado a volverse aborrecible.

Regresa al gimnasio, fortalece tu cuerpo, báñate, perfúmate, aféitate y aprende a seducir a tu mujer *de nuevo*. ¡Eso es lo que ella necesita!, (no juguetes sexuales o películas eróticas).

¿Y si aún así, no logras encender una llama de pasión?

Comprende. El problema está en tu cerebro: Consciente o inconscientemente has concluido que tu mujer no te gusta.

Acaba con esa idea. *Decide* admirarla. *Declara* que es hermosa y persuádete de que te fascina.

Haz un ejercicio de convencimiento. Dilo y créelo sin dejar ninguna duda: "Es mi esposa. Me gusta. Toda ella es para mí, yo soy para ella".

Amigo, estoy hablando en serio. El amor se construye con decisiones, visualización y convicción mental. A eso le sigue la atracción química.

Dedícale tiempo a la alcoba.

Haz el amor lentamente, sin prisas, preparando el encuentro, elogiando a tu esposa, ¡con la televisión apagada!

Durante el día, trátala con respeto, hazla sentir hermosa. Ni de broma te burles de su fisonomía, eso la ofende y crea una barrera emocional al momento de estar en la cama. Pudieras lograr hacer tuyo su cuerpo, pero no sus sentimientos.

Evita actuar como el hombre de aquel chiste.

La mujer iba caminando con su esposo en la plaza comercial.

—Mi amor, ¿me compras ese vestido?

—No —contestó él—, con el cuerpo de lavadora que tienes lo vas a reventar.

Más adelante, pasaron cerca de un restaurante.

—¿Me invitas a comer?

—No. Con el cuerpo de lavadora que tienes, deberías estar a dieta.

Después, creyeron ver a lo lejos a unos viejos amigos. Ella preguntó:

—¿Vamos a saludarlos?

—No. Con el cuerpo de lavadora que tienes, los asustarías.

Esa noche, el esposo tenía una carga hormonal que no había aliviado desde hacía días. Así que abrazó a su mujer y le preguntó.

—Mi vida, ¿podríamos echar a andar la lavadora?

Y ella contestó.

—No. Para el mugroso trapito que tienes, mejor te lo lavas a mano...

Sé que puedes tener mucho trabajo.

A veces llegas tarde y tienes que encender la computadora por un rato más. Quizá te entretienes con asuntos pendientes o viendo la televisión.

Deja de hacerlo. Nunca permitas que tu esposa se duerma *sola*. Asegúrate de estar junto a ella todas las noches y abrazarla. Si tienes trabajo pendiente, está bien. Acuéstate con ella y abrázala. Una vez que se haya dormido, levántate a terminar tus pendientes si así lo requieres.

Sé un hombre presente en la cama.

El televisor es el peor intruso conyugal. Desconéctalo, o mejor aún, sácalo del cuarto.

De preferencia, una vez que llegues a casa olvídate del trabajo también.

Invita a tu mujer a ir temprano a la cama. Usa tu autoridad y deshazte de los niños. Mándalos a dormir. Después, báñate y aféitate. Coméntale que quieres lucir limpio para ella. Entonces acaríciala. Si no te bañaste, lávate bien las manos antes de tocarla; quizá muchas de sus infecciones vaginales se las has producido tú.

Grábatelo: "no hay prisa".

No quieras ir al grano demasiado rápido. Dale su tiempo. Recuerda que la curva de excitación de tu esposa es mucho más amplia. Si quieres que ella disfrute, espérala. Relájate. No tengas prisa. Detén esa manía que tienes de apretarla o rascarle ciertas zonas como si fuera una guitarra de rock. Mejor acaricia *todo* su cuerpo muy despacio. Voy a repetirlo porque quizá no viste el adverbio. Acaríciale *todo* el cuerpo. Dile cosas suaves al oído. Cuando comience a excitarse, haz una pausa y repítele, esta vez mirándola a los ojos, *que la amas*. Sabes que ella puede tener más de un orgasmo. Si ya la llevaste al primero (hiciste lo más difícil), sigue acariciándola suavemente y provócale dos, tres, cuatro, siete, quince orgasmos; los que ella desee. No pares de estimularla con cuidado e interés hasta que te lo indique. (Si desea continuar indefinidamente, compórtate como un caballero verdadero y muérete en la raya). Nunca te duermas o desmorones después de eyacular. Por lo común ahí apenas has hecho la mitad de lo que te corresponde. Cuando ambos estén satisfechos, asegúrate de besarla y abrazarla con ternura durante un rato más. Recuerda que la excitación femenina desciende lentamente y es en ese momento en el que ella se encuentra más romántica y atenta a tus palabras.

El sexo es alimento en el matrimonio.

Nutre la relación. Cuando ese alimento escasea o se descompone, la pareja enferma. Con el sexo conyugal ocurre lo que casi con todos los alimentos: son mejores si se preparan con limpieza se sirven con buena presentación y se saborean en la sobremesa.

Con los años, el alimento sexual suele hacerse insípido, pues los participantes caen en la rutina y pierden interés.

Las relaciones sexuales de los esposos duran en promedio

siete minutos. ¿Qué tipo de alimento podemos ingerir en ese tiempo? ¡Comida chatarra, ingredientes sintéticos![3]

El sexo refinado no es una carrera de velocidad.

Es de resistencia.

Muchas mujeres con vida sexual activa jamás han experimentado un orgasmo, debido a la prisa y desconsideración de sus maridos. Pero amigo, eso no puede pasarle a tu esposa. Asegúrate que vayan al mismo paso; si te adelantas, desacelera. Fisiológicamente ella necesita suficiente lubricación vaginal previa; en caso de no lograrla, en vez de experimentar placer sentirá dolor y frustración (te verá gozando mientras tiene que conformarse con sufrir molestias). Pero cuidado. La lubricación de su cuerpo comienza en su pensamiento. Casi nunca depende de ungüentos, sino del trato que le das. Ella es extremadamente sensible a lo que escucha y al tono en que le hablas; si deseas tener relaciones sexuales por la noche, evita pasarte el día criticándola. Pídele las cosas por favor y dale las gracias. En el tema sexual sólo vas a cosechar lo que sembraste.

Muéstrale a tu esposa que eres exclusivo de ella.

Física y mentalmente.

Deja de babear como perro rabioso cada vez que pasa una jovencita enseñando el ombligo.

No elogies los atributos sexuales de otras mujeres. Dignifica a la tuya. Trátala como a una reina.

Un hombre casado que solía visitar los antros de *table dance*, decía que, después de excitarse viendo a bailarinas exóticas, llegaba a casa y, de inmediato, tenía sexo con su mujer. No le preguntaba. A veces ni siquiera la despertaba. Esas conductas son animales. Alguien como tú, sé que no

---

[3] *La última oportunidad.* Op. Cit.

haría cosas así, pero, amigo, si pierdes de vista las reglas del juego, puedes comenzar, sin darte cuenta, a usar el cuerpo de tu mujer para satisfacerte *solo*, entonces ella comenzará a sentirse usada y perderá interés en el sexo.

Mantente alerta.

Estudia a tu esposa para que sepas lo que más le agrada. Pregúntale qué es exactamente lo que la hace vibrar y la incomoda.

Es asombrosa la falta de comunicación que existe en muchas camas conyugales. Todo se nos va en gemidos y susurros sin sentido.

Los instintos de semental no sirven para demostrar amor. Tampoco el recuerdo de viejas experiencias machistas.

Tu esposa es diferente a todas las mujeres. Es inigualable y especial. Así que tanto la problemática de ella como el camino para llevarla al éxtasis es exclusivo.

Conócela. Obsérvala. Pregúntale. ¡Trabaja!

Dicen Masters y Johnson:

Cuando un hombre y una mujer cometen el error de reducir el sexo a un acto físico, el resultado casi seguro es que obtendrán menos placer, no más. Por ejemplo, imaginemos a un marido que le sugiere a su esposa el uso de un vibrador como medio de entrenarse para tener mejores y más orgasmos. En esta acción se hallan implícitos dos errores:

1. El primero, convertir su relación en algo artificial, esperando que recursos mecánicos hagan el trabajo afectivo.

2. El segundo, que el marido actúe como autoridad sexual sobre la mujer. Aún si el experimento funcionara, el mensaje sería que él sabe más que ella sobre las propias sensaciones sexuales de ella, lo cual es un absoluto disparate.

En lo tocante al sexo, ninguno de los miembros de la pareja puede ser autoridad para el otro. Cada uno de los dos debe aceptar que el otro es la autoridad decisiva en lo que respecta a sus sentimientos.[4]

¿Las cosas no salen bien a pesar de que has puesto todo tu empeño?

¿Ella siente rechazo al sexo, dolor, dificultad para concentrarse o tener orgasmos? ¿Sufres eyaculación precoz o impotencia? A ver amigo. Esto es un tema serio. No puedes tratar de olvidarlo o decir que todo "va a estar bien", mientras enciendes la televisión. El éxito de tu vida personal y familiar se halla en juego. Si ella y tú no están consiguiendo una vida sexual plena y satisfactoria, ¡busca a un médico!

No creas que puedes hacer todo solo.

Existen terapeutas y doctores especializados en sexualidad.

Si te hubieras roto un dedo, no dudarías en pedir ayuda, ¿entonces por qué eres tan tibio buscando apoyo para tu sexualidad rota? ¿Es un tema privado? ¿Te da vergüenza decirlo? Por favor. Todos los adultos tenemos vida sexual. También el doctor al que vas a consultar. En último de los casos no lo hagas por ti. Hazlo por ella.

Si se acerca a ti, deseando tener relaciones sexuales, atiéndela.

No salgas (ahora tú) con que te duele la cabeza, o estás cansado. No te burles de su deseo ni la rechaces.

Haz que tus encuentros sexuales se den siempre en un marco de amor y comunicación profunda.

---

[4] William H. Masters y Virginia E. Johnson. *El vínculo del placer*. Grijalbo. 1987. Barcelona.

TE DESAFÍO...
A reconquistar tu liderazgo.
A independizarte de otros familiares.
A ser coherente, íntegro y cabal en tus actos secretos.
A deshacerte de toda la pornografía.
A cuidar tu cuerpo para ella.
A decidir amar a tu esposa, tal como es.
A dedicarle tiempo en la alcoba.
A satisfacerla sexualmente.
A amarla.
A ser un auténtico caballero.

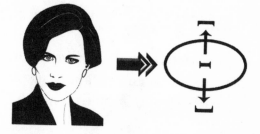

Lo sabía. Al escribir cada capítulo te tuve presente. Espero que lo hayas notado. Las mujeres casadas, como tú, han sido siempre mis mejores lectoras. Algunas me han seguido desde que publiqué mi primer libro. Otras se han molestado conmigo por lo que expresé en otro. Es natural. Mientras elogies a alguien, lo tendrás de tu lado; al momento de reconvenirlo, te puede desestimar. Pero tú estás aquí; aguantándome todavía. Gracias, amiga.

Ahora vamos a hablar un rato respecto a tu marido. De antemano te digo que lo voy a defender. No porque quiera hacer el papel ridículo de protector masculino (deberías haber visto como le fue en el capítulo para hombres casados), sino porque él y yo nos parecemos y creo poder comentarte, sin ser categórico ni generalizador, lo que necesita. Piensa.

¿Por qué tu esposo no actúa como a ti te gustaría?

Porque es diferente a ti.

Aunque no te lo diga, centra su existencia en "conquistar". Le motiva estar en la cima. Tener prestigio, dinero y poder. Te lo confiese o no, necesita sentirse dirigente; sobre todo en su familia.

Si quieres hacerlo feliz, dale su lugar como líder. (Así empiezan mis problemas de popularidad con algunas de mis lectoras).

La respuesta de muchas mujeres casadas es:

—¡Jamás! *Él* no es más inteligente que yo. Suena absurdo que deba obedecerlo o dejar que me gobierne. Es antediluviano pensar en jerarquías familiares, porque *todos* somos iguales.

Cuando escucho ese discurso, apoyo el codo en la mesa, me detengo la cabeza con una mano y suspiro.

¿Por qué nos cuesta tanto trabajo comprender un principio tan simple?

Tú y tu marido son personas igualmente valiosas. ¡Sin duda! Se complementan. Pero la obediencia de una mujer hacia su esposo no es una cuestión de valor, dignidad o inteligencia, sino de simples *funciones administrativas*.

En un país no puede haber dos presidentes.

Eso sí: Existe el presidente y el *asesor principal* del presidente.

Con mucha frecuencia el asesor es más preparado, creativo y capaz que el mismo presidente, pero, repito, cada uno tiene sus funciones. Incluso me atrevería a decir que no se hace nada en el país sin que el asesor presidencial lo autorice y lo aconseje. Aún así, el mandatario máximo da la cara, recibe los aplausos y las críticas.

Si te has dado cuenta, tu esposo no puede o no quiere tomar muchas decisiones sin antes preguntarte qué opinas. Sabe cuan útil es tu criterio, aunque después no lo reconozca y te quite el mérito. ¿Pero qué importa? Tú no tienes esa necesidad de poder y reflectores que él tiene. Lo que a ti te interesa son los buenos resultados. Así que deja de rasgarte las vestiduras y acéptalo de una vez: A menos que enviudes o divorcies, y te quedes sola dirigiendo el hogar, tú no eres la presidenta. Eres la *asesora principal* del presidente, y aún si tu marido estuviera en silla de ruedas, fuera parapléjico, quedara imposibilitado, tuviera menos educación, se hallara desempleado o ganara menos dinero que tú, seguiría siendo el presidente.

Ese es el primer fundamento conductual del matrimonio.

A final de cuentas, y no es cinismo, sabes que las ideas cardinales rectoras de tu hogar provienen de ti.

No luches por tener más autoridad. Entrarás en una batalla cruenta. Si logras ganarla, sólo conseguirás que él se sienta deprimido, se vuelva hostil y eventualmente busque una amante que sí lo haga sentir "presidente".

¿Absurdo? ¿Irracional? ¡Estoy de acuerdo!, pero no estamos tratando de arreglar el mundo, sino de comprenderlo.

Usa la realidad para tu beneficio.

Haz la prueba: Pídele a tu esposo que te proteja de algún insecto inofensivo y (si es como la mayoría de los hombres), verás cómo se levanta a matar al monstruo. Dile que tienes mucho frío, y querrá darte su suéter. Coméntale que no puedes abrir el frasco de mermelada, y lo verás hacer alarde de sus enormes bíceps.

Todo es un juego.

Debes descifrar las reglas y la mecánica si quieres que él esté dispuesto a hacer cualquier cosa por ti.

Insistiendo en ser competitiva, lo convertirás en un peligroso contrincante. Gritándole y demostrándole sus errores frente a otros, harás que se bloquee, entrecierre los ojos y comience a rumiar la forma en que se vengará de ti. (Luego lo hará, puedes estar segura).

En cambio, elogiándolo en público por sus brillantes decisiones (aunque tú le hayas dado las ideas), lo harás sentirse valioso y comprometido contigo. Buscando el momento *a solas* para decirle con seriedad, pero en tono tranquilo y amoroso todo lo que no te agrada, provocarás que te escuche. Mostrándole que necesitas de su protección masculina, lo harás enamorarse más de ti.

Vuélvete su esposa, no su adversaria.

Conozco un matrimonio en el que la mujer posee inteligencia superior, dones sociales extraordinarios y carácter perseverante como pocos. Su marido, en cambio, es sólo un buen tipo, de habilidades medianas y temperamento apagado. Sin embargo son muy felices. ¿Sabes por qué? Porque ante el mundo, él es quien brilla. Dueño de un negocio exitoso (que lleva su nombre), con frecuencia lo entrevistan por sus éxitos para revistas famosas; también representa a sus vecinos ante las autoridades.

Nadie sabe (ni él) que todo ha sido posible gracias a su inteligente esposa. Ella lo ha empujado, lo ha apoyado, lo ha comprometido y, al momento de la verdad, se ha hecho a un lado para dejarlo figurar. (El negocio lo organizó ella —pudo llevar el nombre de ella—, las entrevistas y la jefatura de los colonos, adivina qué; también los consiguió ella).

Si continúas combatiendo, perderás la guerra.

¿Las cosas no han ido muy bien en tu matrimonio?, (sí; tu esposo tiene la culpa), pero ¿por qué no consideras la posibilidad de que quizá tú has estado atizando el fuego?

Voy a darte tres ejemplos de reconvención para tu marido. Piensa cuál es el mejor:

Primera opción.

—Quiero aprovechar que están tus hermanos y padres presentes, para decirte que es tonto lo que haces todos los viernes. ¡Te vas con amigotes y llegas de madrugada oliendo a borracho! ¿Verdad, suegra que eso está mal? ¡Dígale algo a su hijo!, por favor. A mí no me hace caso.

Segunda opción.

—A ver, infeliz, detesto que te largues a embriagarte con tus amigotes todos los viernes. Aquí tú y yo somos iguales, así que si llegas algún día y no me encuentras, verás lo que se siente. ¡Te lo advierto!

Tercera opción.

—¿Amor? ¿Puedo hablar contigo un minuto? Mira. El viernes pasado asaltaron una casa del vecindario. Cuando estoy sola con los niños por la noche me da miedo. Juanito pregunta mucho por su padre. Lo desmotiva no verte en sus partidos los sábados en la mañana, porque te desvelas y te quedas dormido. Melissa te extraña. El otro día me preguntó por qué para ti parecen más importantes tus amigos que ella. Amor, sé que necesitas salir, pero tu ausencia se está volviendo muy frecuente. ¡Nos haces falta a todos! Me haces falta a mí. Muchas veces me arreglo sensualmente en la noche, te espero durante horas y acabo volviéndome a poner el pijama para dormir. Además, también corres muchos riesgos estando afuera. No sé qué haríamos si te pasara algo.

La tercera opción es larga, complicada, requiere de planeación y paciencia. Pero es la única que funciona. La llamo *hablar con estrategia*.

Tú eres una mujer inteligente. Habla con estrategia.

Usa razones lógicas. Para él, la ciencia y la técnica son más persuasivas que los llantos o gimoteos. Demuéstrale con objetividad por qué deseas que haga o deje de hacer algo, y después comunícale *otra vez* cuánto necesitas de su protección y ayuda. Ten la seguridad de que entonces actuará a tu favor.

Tu esposo no es femenino.

Quizá no sabe leerte la mente, no es muy cariñoso ni participa de forma activa en la crianza de los hijos; quizá olvida las fechas importantes, no mantiene conversaciones detalladas, ni disfruta comprando ropa, pero aún así es el líder de tu casa. Por más que te moleste la idea, él necesita que lo respetes. Tú no eres su mamá. Tu papel de esposa no es educarlo ni controlarlo, sino apoyarlo y ayudarlo a ser cabeza. ¡Si quieres un hombre fuerte y decidido a tu lado, no le exijas que se comporte de manera femenina! Dale su lugar y no trates de disminuirlo. ¡Enaltécelo! No le robes la hombría, no lo castres, ni lo obligues a doblar la cerviz. Que tu boca de mujer siempre bendiga a tu marido. Cuando detectes sus fallas, dirígete a él sólo para una de estas tres cosas: La primera, darle consejos; la segunda darle consuelo; la tercera darle ánimo. Si vas a decir algo distinto, mejor calla.[1]

El segundo fundamento conductual en tu matrimonio se llama *sexo solidario*.

Es posible que tu necesidad de desahogo sexual se presente una vez cada quince días, mientras que la de tu esposo ocurra una vez cada... ¿hora?

Está bien. Desde el inicio de este apartado te comenté que ustedes son *diferentes*. Sé solidaria con él. No lo dejes solo en la búsqueda de placer erótico. No lo hagas sentir un degenerado. Participa del deleite de estar juntos.

Nada puede desmotivar más a un hombre que hacer el amor con una muñeca de trapo.

Gaye Wheat comenta lo siguiente:

Las mujeres debemos complacernos sexualmente a nosotras mismas para así complacer a nuestros esposos.

Los hombres que consideran tener una experiencia sexual satisfactoria dicen que su mayor placer proviene de ver a sus esposas excitadas y emocionadas.

[1] CCS. *Mujeres de Conquista.* Op.Cit.

Es deprimente para tu marido que a ti sólo te interese satisfacer sus necesidades biológicas siendo una mujer pasiva, cansada fatigada y sumisa.

Él quisiera verte en éxtasis, participando activamente del juego amoroso, demostrando que también te excitas con él y lo deseas.[2]

A tu esposo le gusta hacer el amor contigo.

Pero detesta sentir que lo tratas como a un animal, diciéndole cosas como:

—¿Va a haber acción esta noche? ¡Entonces apúrate porque tengo mucho sueño!

El sexo en el matrimonio es la muestra máxima de tu amor. Si lo rebajas a un proceso mecánico para "exprimir periódicamente a tu libidinoso marido y así evitar que se excite mirando a otras mujeres", tú misma te conviertes en algo que siempre has detestado: un objeto sexual.

¿Eres toda una "esposa"? Compórtate como tal. Participa activamente de las relaciones íntimas.

Es normal que él desee tener relaciones sexuales frecuentes. Lejos de ver esto como un problema, deberías considerarlo un privilegio. La relación íntima es una unión que, bien llevada, fortalecerá tu matrimonio como pocas cosas.

Propón nuevas alternativas para hacer el amor: Seduce. Acaricia. Sé creativa y, sobre todo, disfruta del sexo.

¿No puedes?

¿Ves el acto sexual como una obligación incómoda? ¿Muchas veces te finges dormida en la orilla de la cama esperando que él no comience a tocarte?

---

[2] Traducción parafraseada Dr. Ed Wheat y Gaye de Wheat. *Intended for pleasure.* Fleming H. Revell Company. 1977. USA.

Si te cuesta trabajo practicar el sexo solidario es posible que tengas uno o más de los siguientes problemas:

—No te comunicas con tu esposo a nivel profundo.

—Cuando estás con él recuerdas viejas experiencias sexuales desagradables.

—Aceptas que él te maltrate durante el día.

—No aclaras tus desacuerdos.

—No lo has perdonado.

—No sabes como ser más sensual.

—Tienes baja autoestima.

—Te sientes gorda.

—Te sientes fea.

—Tienes algún problema vaginal.

—Crees que él está pensando en otra mujer.

—Estás pensando en otro hombre.

En todos los casos anteriores, y muchos otros que podríamos enumerar, tú puedes hacer algo. ¿Qué te parecen estas propuestas simples?:

—Toma la iniciativa para hablar a nivel profundo.

—Expulsa de tu mente —usando el proceso de curación que estamos estudiando (Φ-Λ-Ξ)—, cualquier vieja experiencia sexual desagradable.

—Antes de ir a la cama aclara tus desacuerdos.

—No permitas que te maltrate.

—Enséñalo a disculparse y perdónalo de verdad.

—Lee libros sobre erotismo en el matrimonio. Deja salir la mujer seductora que hay en ti. Suéltate el pelo. Sé ingeniosa en la cama.

—Logra metas que eleven tu autoestima.

—Ponte a dieta y vuélvete una mujer atlética.

—Ve al salón de belleza. Arréglate.

—Consulta a un médico para que te diga cómo evitar el dolor vaginal.

—Piensa que tu marido es tuyo y sólo te ama a ti.

—Piensa únicamente en él cuando hagan el amor.

Aún si no consigues el éxtasis por culpa de él (huele mal, su barba pica, está excesivamente gordo, ve pornografía, no sabe acariciarte, etc.), también eres tú quien podría propiciar su cambio *hablando con estrategia*.

Considera el tema sexual como algo serio.

Nunca te atrevas a usarlo como medio de control.

Tu cuerpo no es un arma de batalla. Es un regalo para tu marido. Un regalo que no le deberías condicionar. Si negocias con el sexo, corrompes la relación. Jamás quieras obtener otro tipo de favores jugando a "dar y quitar sexo". Usar el sexo como premio o castigo, te devalúa. Te conviertes en una especie de prostituta doméstica, pues mientras las mujeres de la calle se acuestan a cambio de dinero, tú podrías dar el mensaje de que lo haces a cambio de viajes, regalos, o concesiones.

El sexo en el matrimonio no es negociable ni es objeto de negociaciones. Sucede por amor. *Decide* amar a tu esposo de verdad. Amarlo por completo. Amarlo sin reservas. Y en ese contexto, si no deseas tener relaciones sexuales un día, platica con él. Sé sincera. Condesciendan mutuamente. Ustedes son compañeros de vida. No rivales.

El tercer fundamento conductual en tu matrimonio se llama "presencia femenina".

¿Podrías describir una casa en la que existe "calor de hogar"? ¿A qué huele? ¿Cómo está decorada? ¿Qué roles familiares suceden dentro de ella? Ahora dime, ¿quién le da esos toques especiales? Hasta un niño podría responder: ¡Una mujer!

Por otro lado ¿conoces casas en la que se percibe un ambiente frío, desangelado y vacío? ¿Has entrado a esos inmuebles silenciosos en los que sus habitantes desfilan por la cocina como zombis a diferentes tiempos para comer comida congelada?, ¿sitios en los que no hay reuniones alrededor de una mesa, ni existen rutinas de convivencia fraterna? ¿Esencialmente qué falta ahí? ¡También una mujer!

¿Trabajas?

¿Eres ejecutiva? ¿Tienes un negocio? ¡Te felicito! ¡No voy a sugerirte que dejes de trabajar! ¿Qué haría el mundo sin la labor de personas como tú? Hoy en día, son las mujeres casadas quienes están realizando los trabajos de mayor responsabilidad en las empresas, negocios y sociedad (con una eficiencia superior a la de muchos hombres); pero ten cuidado. Antes que tu carrera, está tu familia.

El deseo que tienes de crecer profesionalmente es sano. Debes satisfacerlo, pero sólo no olvides que en casa se requiere tu *presencia femenina* y que esa es una prioridad por encima incluso de tu realización profesional.

¿No estás de acuerdo? Perdóname, amiga, pero hubieras pensado en ello antes de casarte. Ahora no puedes desaparecerte física o mentalmente, porque si lo haces, quieras o no, todo se vendrá abajo.

Conocí a una mujer ejecutiva que no entendió esto.

Era muy eficiente en la empresa, así que cada vez adquirió mejores puestos. Llegó un momento en el que laboraba doce horas diarias. Sus hijos y su esposo la apoyaban.

—Mamá es alguien muy importante —explicaba el papá a los niños—. Muchas personas la admiran. Así que no la molesten. Está trabajando. Cenen leche con cereal.

Como su actividad era muy remunerativa, le *convenía a ella,* pues le brindaba gran satisfacción. Le *convenía al esposo,* pues ingresaban sumas interesantes a la familia, y le *convenía a los niños,* porque podían tener clases particulares y juguetes caros. Sólo había un ente vivo en esa familia a quien no le convenía:

A la relación matrimonial.

La relación es como un ser vivo. Nace, crece y madura. Puede fortalecerse, enfermar o morir.

Cuando una relación muere, las personas a su alrededor se sienten como de luto.

El hogar de aquella mujer ejecutiva perdió calor. No tenía presencia femenina. Ella siempre se la pasaba en juntas, cenas y cocteles. Cuando llegaba temprano iba a la computadora y seguía enviando correos electrónicos.

Un buen día, su marido tomó dinero de la cuenta (de ella) y se fue de viaje. Entonces cometió infidelidad. La esposa se enteró y no le costó ningún trabajo vengarse haciendo lo mismo. Había muchos hombres que la admiraban. Poco después, la relación murió. Sus hijos lloraron y todos estuvieron como de luto. En el juzgado se habló de "adulterio"; "abuso de confianza" y "fraude", pero nadie mencionó el verdadero motivo del divorcio: "Ausencia femenina".

Amiga, el toque que tú le das a tu hogar cuando estás en él no es insignificante. Hace toda la diferencia. Tal vez no te das cuenta, pero espiritualmente es imposible sostener a una familia con servidumbre, nanas o choferes. Tus hijos y tu esposo te necesitan a ti. Claro que también haces falta en la iglesia, en el trabajo, en el club o en la casa de tu madre, pero organiza tus prioridades por favor. Lo quieras o no, tú pones el calor *de hogar* en *tu hogar.* Hace falta tu presencia femenina. Si la escatimas, no tendrás autoridad moral para enseñar a tu esposo que haga sacrificios personales por la familia. Por eso:

TE DESAFÍO.
A que elijas ser feliz en tu matrimonio.
A que decidas amar a tu esposo.
A que le demuestres tu amor mediante tres fundamentos conductuales:
—Respeto a su autoridad.
—Sexo solidario.
—Presencia femenina.

Ahora, mi esposa quiere decirte unas palabras.

Hola. Soy Ivonne.

Acabo de leer lo que Carlos te escribió y quiero confesarte que me hizo sentir un poco incómoda. A él le gusta poner el dedo en la llaga. Mi "toque femenino" es suavizar algunos de sus rasgos. Consolar, mimar, bendecir. Así que, amiga, voy a decirte unas palabras que a él se le olvidaron.

Tú vales mucho y ¡haces demasiadas cosas!

Si pensamos fríamente, es injusto todo lo que nos demanda el matrimonio y la maternidad. Ser una mujer casada realmente requiere de mucho esfuerzo, trabajo, tiempo y desgaste. Se nos exige terminar con sueños y proyectos personales. En pocas palabras, debemos morir a nosotras mismas para que otro u otros vivan y se realicen.

¿Por qué entonces tantas solteras están anhelantes de casarse? Te voy a decir porqué. ¡Porque somos nosotras las auténticas protagonistas de la historia! En este mundo, nada grande y bueno se habría hecho, sin el respaldo, el consejo y el sustento moral de una mujer que ha aprendido a vivir por amor.

Estoy convencida de que tú podrías disfrutar la jornada de principio a fin, gozar al máximo las relaciones sexuales con tu esposo y ser intensamente feliz, pero para ello, necesitas hallar el amor. Y aún seré más específica: hallar el amor de Dios.

Ni los discos motivacionales, ni las ideas de las amigas ("sí puedes", "échale ganas"), ni las vitaminas o bebidas energizantes te darán la fuerza que necesitas. Sólo la obtendrás cuando entres a la dimensión espiritual y aprendas a usar un poder que no es tuyo, pero que se encuentra a tu disposición: El que sólo Dios puede darte.

Antes, yo no sabía esto.

Provengo de una familia diferente. No era la típica conformada por padre, madre e hijitos. Jamás vi a una esposa amorosa sujeta a su marido ni a niños obedeciendo a sus papás... Mi mamá era viuda con cinco hijos y trabajaba todo el día. Fue mi abuelita quien nos crió, dándonos un ejemplo maravilloso de amor, dedicación y fe, pero sin ejercer autoridad sobre nosotros. No podía aunque hubiera querido. Crecí libremente, viendo dos patrones de comportamiento principales: el de mis hermanos (hombres) haciendo su entera voluntad y el de una tía, quien cada vez que se sentía ofendida, tomaba su bolsita y se iba de la casa.

Como puedes imaginar, en cuanto me casé, comenzaron los problemas. Mi primer conflicto fue razonar que había perdido independencia. ¡Odiaba que mi marido me dijera lo que debía hacer!, odiaba tener que cumplir con responsabilidades de señora, que para empezar ni siquiera sabía cuáles eran. Me sentía atrapada en un esquema demasiado rígido. ¿Por qué no podía hacer cada uno lo que le viniera en gana? ¿No eran así las parejas en Bélgica o en Suiza?

Entonces, igual que aquella tía, cada vez que me enojaba, tomaba mi bolsita, salía de la casa y dejaba a mi esposo. Regresaba unas horas después. Pero una tarde, él se hartó y fue quien salió, amenazando con no volver. Lo vi alejarse, decidido, y me pregunté por qué todo estaba resultando tan mal.

Huyendo del esquema tradicional del matrimonio, yo había tratado de ensamblar el mío en el nuevo prototipo de independencia femenina, para llegar a la conclusión de que eso sí era algo destinado al fracaso. Vi a mi esposo alejarse por la ventana y permanecí ahí por horas percibiendo cómo se esfumaban todos mis sueños, mi familia, mis hijos (que aún no tenía) y el hombre con el que alguna vez pensé llegar a la vejez y ser feliz. Tuve miedo. Comprendí que estaba llevando las cosas a niveles de los cuales podía arrepentirme.

Carlos regresó esa noche triste y angustiado. Él tampoco quería perderlo todo. Entonces aceptamos las recomendaciones de recibir consejería.

Una pareja mayor llegó a vernos. Ellos nos explicaron que todos nuestros sueños podían hacerse reales si le permitíamos al autor de nuestra existencia y diseñador del matrimonio que nos dijera cómo. Por separado, nos leyeron nuestros deberes de esposos. Con principios y sustentos bíblicos pude ver claramente todos mis errores. (Fue muy acertado que los escuchara de alguien diferente a mi madre o mi suegra. A ellas jamás les hubiera hecho caso).

Aprendí (me costó mucho trabajo, pero lo hice) que si deseaba ocasionar un cambio verdadero, debía respetar a mi marido, sujetarme a él y ser su ayuda idónea. Él también comprendió que debía amarme y tratarme como al vaso más frágil, sujetándose a Dios mismo.

(Aclaro que la obediencia de una mujer está condicionada a que el hombre no quiera obligarla a hacer cosas inmorales o deshonestas, en cuyo caso ella debe oponerse).

La asesora me dijo algo como esto:

—Las mujeres de hoy no sólo debemos ser preparadas e inteligentes. ¡Debemos ser espirituales! Existe un poder difícil de comprender en la oración humilde; cuando visualizas y le pides al Señor el bien de los seres a quienes amas, suceden cosas. Yo he aprendido a orar por mi esposo y por mis hijos. He comprobado el efecto una y otra vez. Si mi esposo se está comportando de forma altanera, pido por que su corazón se quebrante y se haga más sensible... Siempre sucede. Todos los días cubro a mi familia con una capa protectora para que el mal no se acerque a ella.

Las ideas de esa mujer me parecían casi extravagantes.

—¿Eso significa que sabes oraciones milagrosas? —pregunté—. ¿Algo así como "pases mágicos"?

—No, Ivonne. ¡El plano espiritual no se gobierna así! Dios no es títere de nadie. Sólo se mueve a tu favor como consecuencia de una vida en la que buscas a diario agradarle. Para auxiliar a los demás, debes ayudarte tú. La mujer que se humilla a sí misma frente al Señor, es levantada con poder ante el mundo y recibe la facultad de favorecer a sus seres queridos.

Me fue difícil razonarlo todo y más aún aplicarlo, pero comencé a hacerlo y, de verdad, todo comenzó a funcionar mejor. Fui yo quien tuvo la iniciativa para hacer las cosas mal al principio y también para corregirlas después. Así somos las mujeres.

Eso ocurrió hace veinte años y desde entonces he comprobado muchísimas veces que podemos mover el mundo espiritual para hacer que cosas sucedan en lo material.

¿Quieres que tu esposo rectifique el camino? Primero hazlo tú. ¡Pide y Recibirás! ¡Si deseas ver lo que nunca has visto, tienes que hacer lo que nunca has hecho!

Cuando ambos se perdonan y están decididos a ejercer sus roles respectivos, surge un enamoramiento y atracción inexplicables. Con las bases correctas, todo es mejor también en el área sexual. Sólo unos tips, extra: Te recomiendo nunca llegar a la cama tan tarde que él ya se haya dormido, o tan cansada que parezcas trapo viejo. Necesitas ser disciplinada para terminar todas tus actividades, incluyendo dormir a los niños, temprano. Arréglate para la noche como a él le gusta, siempre que, al mismo tiempo, tú te sientas cómoda y seductora; el sexo es algo psicológico para las mujeres, báñate, relájate, siéntete limpia y dispuesta para disfrutar. Date un banquete con el cuerpo de tu marido y deja que él se lo dé con el tuyo. Recuerda que se pertenecen mutuamente. Por otro lado, no olvides que muchas veces el sexo comienza en la cocina. Si le preparas de cenar su platillo favorito se sentirá halagado y agradecido, si además no lo contradices en todo, lo elogias y mantienes su autoestima en alto, tendrás un Superman en la cama.

Sé que tu esposo puede convertirse en el hombre que siempre soñaste y tus relaciones íntimas empezarán a tener una pasión fuera de serie, ya no basada sólo en la química de los cuerpos sino en la fusión de voluntades y en el poder del verdadero amor.

Testifico con total certeza que el matrimonio puede ser la experiencia más maravillosa de la vida de una mujer, pero sólo quiero recordarte que al principio yo no pensaba así, y que lo más importante de mi cambio no lo originó sólo una evolución intelectual ni el seguir las recomendaciones de revistas femeninas que dan recetas del tipo "cómo hacer que tu hombre se vuelva loco en la cama", sino el Pacto que hice con Dios al abrirle mi corazón y permitirle que me guiara a través de su Palabra.

Amiga mía, de verdad te exhorto a luchar por una vida mejor, a no conformarte con un matrimonio regular. ¡Atrévete a hacer tus sueños realidad; con el soporte adecuado, verás que es factible ser inmensamente feliz junto a tu esposo aquí en la Tierra!

Con todo mi cariño y sinceridad.

Ivonne de Sánchez.

sólo para hombres jóvenes solteros

superando la zona xi (Ξ) -apatía expectante-

Me agrada saber que mi cuate, con quien hablé durante todo este tiempo es un hombre joven, destinado a convertirse en fundador de negocios, creador de ideologías y cabeza de un hogar.

Te felicito. Seguramente a muchos de tus amigos no les interesa estudiar temas de crecimiento personal. Pero tú eres diferente.

Ahora reflexionemos sobre tu masculinidad.

Empezaste a darte cabal cuenta de ella desde la escuela primaria. Mientras las chicas, se mantenían sentaditas, limpias, coloreando por la línea y disfrutando las tareas, tú y tus amigos eran felices en la tierra, dando empujones, escupiendo, jugando con ranas o con armas secretas. La aplastante mayoría de tus profesores fueron de sexo femenino. Se encargaron de castigarte en exceso, porque hacías demasiadas travesuras y no te parecías en nada a sus alumnas favoritas. Si no eran las profesoras quienes estaban detrás de ti, eran tus padres, o el resto de los niños fastidiosos. Inmerso en un sitio en el que no encajabas del todo, te volviste arisco, temeroso de los más fuertes, y cruel con los débiles. Poco a poco aprendiste que nadie quiere ser amigo de los fracasados, así que debes parecer triunfador.

Desde entonces te protegiste.

Usaste un escudo de autosuficiencia.

Por eso, ahora te cuesta trabajo aceptar cuando te equivocas. Hablas de tus logros y callas tus caídas. Si estás preocupado, prefieres cambiar de tema. "Soy hombre" dices "debo arreglar esto solo". Te niegas a pedir ayuda y ocultas tus sentimientos, para no parecer débil. Finges bienestar porque resulta poco masculino tener problemas y aceptar que no sabes manejarlos. Sin darte cuenta, te metes en rollos complicados sólo por tratar de mantener una imagen ganadora ante tus amigos.

Con esa actitud has comenzado tu vida sexual.

Quieres impresionar a otros. Lucirte como galán. Anhelas que te vean tomado del brazo de las chicas más hermosas o quizá incluso presumir que lograste un contacto sexual. Eres experto capaz, seductor…

Todos pasamos por esa etapa. Algunos la superamos con grandes lastimaduras. Otros simplemente nunca la superaron. La arrogancia en terreno sexual les cambió la vida para siempre. Lee el siguiente testimonio:

Estoy que me lleva la fregada.

Me he acostado con varias chavas. Ya perdí la cuenta. Uso condón, pero no entiendo por qué me contagié de herpes genital. Hace años tuve gonorrea y fue fácil quitarla. Sólo me inyectaron antibiótico, pero no existen medicinas para curar el herpes. Me salieron llagas dolorosísimas en el pene. Dicen que aunque se me quitarán solas, regresarán una y otra vez durante toda mi vida. Sobre todo en los momentos de estrés. Eso me fastidia. ¿Quién va a querer estar conmigo sabiendo que mi virus es contagioso y siempre lo traeré? Le tengo pánico al sida y a veces pienso que, así como me pegaron el herpes, en cualquier momento pude haber adquirido VIH. Apenas hoy me enteré que el condón por sí solo no es 100% infalible y que, ya en caliente, los jóvenes cometemos errores al usarlo; también he aprendido que hay un montón de enfermedades de transmisión sexual, más de veinte, que pueden contagiarse por sexo oral, y que muchas de ellas son silenciosas y degenerativas. Por favor, usted que habla con chavos, dígales que es horrible tener que preocuparse por estas idioteces a los diecinueve años.

Ve las siguientes referencias hechas por Sean Covey.[1]

La doctora Patrik Sulak, profesora de la facultad de Medicina de Texas, declara: "yo pensaba que en esta época todo se arreglaba con repartir condones en las escuelas y eso hemos hecho por años, pero después de revisar la información de lo que realmente sucede cambié diametralmente de opinión respecto al sexo y los jóvenes".

Según datos publicados por el centro para análisis de riesgos de la Universidad de Harvard, uno de cada cuatro jóvenes sexualmente activos se contagian de una enfermedad venérea.

Ahora lee lo que le ocurrió a otro de mis lectores.

Hace un mes mi novia me dijo que estaba embarazada. Yo no podía creerlo. Ella me aseguró que se cuidaba. Desde hace dos años tenemos sexo y nunca había pasado nada. Pero yo no he terminado la carrera ni tengo la menor intención de atarme a ella y menos a un bebé. Sé lo difícil que es el matrimonio y educar a los hijos. Eso para mí no es un juego. Todavía soy joven. No me concibo a mi edad manteniendo a una familia. Ni siquiera trabajo. Así que le dije a mi novia que abortara. No le di otra opción. Yo no la iba a ayudar si tenía el bebé. Ella me obedeció. Abortó la semana pasada. Pero ahora me entró una

[1] Sean Covey. *Las 6 decisiones más importantes de tu vida.* Random House Mondadori. México. 2007.

depresión horrible. Es fácil debatir sobre el aborto diciendo que es un derecho de toda mujer. Pero nunca se dice que el asunto también afecta a los hombres. Nos vuelve criminales. Al menos así me siento yo. Ella parecía muy tranquila, pero no era así. Estaba aparentando, porque ayer trató de quitarse la vida.

¿Qué sentido tiene arriesgarte a vivir circunstancias parecidas?

Amigo, hagamos juntos un pequeño ejercicio mental.

Imagina tu futuro.

Piensa en el mañana.

¿Puedes tomar una fotografía del hombre que serás dentro de algunos años? ¿Qué títulos o diplomas te respaldarán? ¿En dónde trabajarás? ¿Qué puesto tendrás? ¿Cuánto dinero generarás? ¿Cuál será tu prestigio?

¿Lo imaginaste?

Vamos. Plasma un retrato del sujeto en el cual estás decidido a convertirte.

Tu futuro depende, en principio, de la capacidad que tengas para imaginarlo, desearlo y comprometerte con él.

Muy bien.

Si lograste verlo, entonces ya tienes una gran meta. Ponle números, nombres, fechas. Escribe los pasos que darás, memorízalos y vívelos cada día. Con el coraje suficiente para perseverar, cuanto imaginaste se hará realidad.

Ahora, te pregunto. ¿Incluiste en esa imagen consecuencias de tropiezos sexuales? ¿Tal vez un matrimonio a destiempo con una persona equivocada? ¿O un hijo no planeado ni deseado? ¿O una enfermedad de transmisión sexual que te acompañe siempre? Ahora quiero que hagas otro ejercicio:

Imagina a tu futura esposa.

La mujer con la que compartirás tu vida. Tómate tiempo extra si lo necesitas. Visualízala de pies a cabeza. Cara y cuerpo. Percibe sus pensamientos. Imagina la calidad de sus emociones y la pureza de su corazón. ¿A qué se dedica?, ¿qué le gusta hacer? También imagina sus atributos sexuales. Entra a sus memorias. Con todo detalle imagina sus experiencias sexuales.

Sé sincero conmigo. ¿La mujer de tus sueños es una actriz de películas porno?, ¿una prostituta?, ¿una estriper?, ¿baila en un table dance?, ¿es la chica fácil del colegio que "pasó por las armas" de todos los compañeros?

¿Cuál es la "experiencia sexual" que te gustaría que tu esposa tuviera antes de conocerte? ¿Cuántos hombres distintos quisieras que la hayan explorado? ¿Con o sin ropa? ¿Cuántos te gustaría que la hayan poseído antes que tú?

No juegues con tus respuestas. Sé de verdad sincero.

Casi puedo adivinar: Quieres que la mujer que será tu pareja para toda la vida, sea magnífica, bella, pura, incluyendo el ámbito sexual. ¿No es cierto?

Ahora te pregunto, ¿cómo puedes soñar en que ella tenga principios que tú no tienes? ¿No te parece injusto exigir integridad, si no eres capaz de ofrecérsela?

¿Anhelas a una gran mujer para que sea tu esposa? ¡Entonces conviértete en un gran hombre para ella!

Tal vez te sientas incómodo con estas ideas, porque sabes hacia donde van.

Pero no te apresures a rechazarlas.

Sé del enorme deseo sexual que sientes.

Sé de tu facilidad para excitarte y de la periódica sensación de volcán incontenible de tu organismo. También sé que te resulta difícil guardarte en un mundo lleno de estímulos sexuales en el que, por si fuera poco las chicas han tomado como moda arrojarse sobre su compañeros varones para besarlos, tocarlos y dejarse tocar.

Creo en la modernidad.

Soy enemigo de los prejuicios fundamentalistas y no estoy a favor de las prohibiciones ciegas ni del fanatismo religioso, pero me gusta razonar.

Hagámoslo juntos.

Siempre ha existido la creencia de que, antes de casarse, los jóvenes deben "vivir la vida", conocer el mundo y sus placeres, darle rienda suelta a los instintos...

Muchos lo han hecho... tal vez tú también, pero temo decirte que a largo plazo, el resultado de esa ideología sólo arroja dos tipos de hombres adultos:

1. Solterones promiscuos (como existen millones), buscadores obsesivos de sexo, prostitución, aventuras sin compromiso, orgías y a veces incluso sodomía.

2. Hombres casados que no pueden satisfacer las necesidades afectivas y sexuales de sus esposas (porque hacen con ellas lo que hicieron con otras) y que son totalmente incapaces de serles fieles (porque están condicionados a la variedad y a la aventura).

¿Cuál de las dos opciones anteriores prefieres para ti?

Supongo que si has leído este libro, tus convicciones se encaminan al deseo de formar una familia.

Entonces, amigo, debo decirte esto: la actividad sexual con diferentes mujeres, sabiendo de antemano que ninguna de ellas será tu esposa, es un atentado directo contra la que sí lo será.

Existe una conexión directa entre tu alma (voluntad, inteligencia y conciencia) y tu sexualidad. Al casarte, quieras o no, llevarás a tu lecho conyugal un paquete en el que amalgamas toda tu esencia. Las heridas pasadas de tu intimidad sexual, afectarán a la mujer con la que soñaste. Cuanto hagas en la juventud se instalará en tu mente para formar parte de ti por siempre. Así, que por favor, no digas: "sólo durante unos meses haré porquerías, probaré droga o me revolcaré con algunas mujeres de mundo. Después sentaré cabeza y me comportaré bien". No será así. Los fantasmas que recolectes te acompañarán y ensuciarán a la princesa que quisieras exaltar.

Y no me salgas ahora con que todos los jóvenes hombres y mujeres, tienen sexo. Eso es mentira. Más de un 40% deciden esperar. Tu princesa existe. Quizá esté preguntándose dónde te encuentras. Tranquilo. Visualízala bien y tarde o temprano llegará a tu vida.

Así como recibo cartas de jóvenes con graves problemas por sus decisiones sexuales, también recibo mensajes (muchos) de jóvenes que tienen dignidad sexual y han decidido esperar. Te presento a Paola.

Una hermosa chica a la que podrías aspirar.

Hola Carlos:

En mi clase de bachillerato hubo un debate sobre si es bueno o no tener relaciones sexuales antes del matrimonio. Me sentí anímicamente destrozada. Propuse esquemas del libro *Free Sex?, la pregunta de hoy*, repartí las lecturas y di un discurso basado en mis valores. De regreso a mi casa, pensé mucho en ti, ¿sabes? Eres la única persona que me comprendería. Se rieron de nosotros, Carlos. Digo de nosotros porque tú también estabas ahí. Estabas cuando defendí el matrimonio como lo más sagrado. Estabas cuando sostuve mi libro de *Juventud en éxtasis* con todas mis fuerzas tratando de contener las lágrimas. Me gritaron que era una anticuada, que eso ya no se usaba, que debí nacer en el siglo XV o simplemente no haber nacido. Se rieron de mis argumentos. Tus libros son mi tesoro más preciado. Mis principios más profundos y arraigados. *Los ojos de mi princesa* me impactó al grado de darle un giro a mi vida por completo. Por eso te escribo. Quiero decirte que no voy a darme por vencida, que todo lo que creo y siento en verdad tiene un propósito. Sé que alguna vez hallaré un hombre que me sepa valorar. A veces, rodeados de gente que piensa tan diferente, terminamos por dejarnos llevar. Creemos que por ser la mayoría están en lo correcto. ¡Cuántas personas se han equivocado simplemente por seguir el ejemplo de otros! He observado a mis amigos y sé que quisieran tener valores como los nuestros. Están alegres por fuera pero vacíos por dentro. Se sienten profundamente solos. Al escribirte ya no me siento mal, pues comparto el peso de la lucha con una persona que admiro. Seguiré defendiendo lo que pienso y creo a pesar de que el mundo se me caiga encima. Soportaré con la cara en alto las burlas y puedo asegurarte que, sin importar lo que pase, siempre seré fiel a mis principios.

¿No se puede? ¿Quién lo dijo?

Lee el siguiente escrito publicado en greattowait.com, también referido por Sean Covey.[2]

¿Que si un muchacho rechazaría el sexo? Yo lo hice. Mi exnovia quería tener relaciones sexuales, pero yo me negué. Ella no dejaba de presionarme, no sé si para retenerme o qué, y eso me confundía mucho. Ella me gustaba, pero yo no estaba listo para tal grado de compromiso. Supongo que consiguió lo que quería con su siguiente novio, aunque ya terminaron. El mes pasado me dijo que yo era el único chico con quien había salido que respetaba a las mujeres y no las usaba. Añadió que quería salir conmigo otra vez.

¿Has oído el término "chica fácil"?

Es despectivo. Se usa para calificar a las muchachas que se entregan con rapidez. Ahora te digo. También los hombres podemos ser "fáciles", pero hay mucho más mérito en un hombre que sabe esperar, que en otro dispuesto siempre a darse un revolcón donde sea y con quien sea.

[2] *Ibidem*

Es al revés de lo que creías.

El sexo con "novias" o damas de paga te hará menos hombre cuando se trate de una relación para toda la vida.

No lleves basura a tu matrimonio.

El que te sientas solo no es una excusa; el que tengas erecciones cada diez minutos no es una excusa; el que tus amigos te presionen o las chavas estén desatadas no es una excusa.

Tu hombría no se mide porque tengas dos testículos. Los perros también tienen y eso no los hace hombres.

Demuestras tu masculinidad respetando a las mujeres y guardándote para la que será tu esposa. Siendo fiel y dignificando a tu mujer definitiva.

Deja de masturbarte en exceso y con rapidez. Deja de buscar contactos sexuales furtivos o caricias íntimas con mujeres.

Lee el siguiente testimonio. Lo refiere el doctor Francisco Delfín Lara.[3]

En mi juventud… «…lo que *no* me ayudaba era que las chicas estaban como desatadas y dejaban que uno las acariciara a plenitud; sin embargo, me sacaba mucho de onda cuando las cosas subían de tono; debía evitar que me tocaran; no quería ni que me hablaran, no por mala onda sino con el fin de controlarme; sin embargo, siempre me ganaba el deseo y la cosa acababa igual. Cruzaba y cerraba las piernas, apretaba la boca y me mordía la lengua, pensaba en problemas, pero por más esfuerzos que hacía, la historia siempre terminaba ahí. Lo malo es que cada vez tardaba menos en eyacular. Por más que me decía: "Ahora sí voy a aguantarme", algo sucedía y fallaba. Comencé a sentir pánico porque sabía que eyacularía

---

[3] Francisco Delfín Lara. *Sex Populi*. Editorial Norma.

antes de penetrar; lo cual, aunque no me guste aceptarlo, pasó en varias ocasiones.

Pienso que esto se debe a que me masturbé mucho desde chico. Recuerdo que cuando comencé a hacerlo pensaba que todo mundo estaba enterado, pues tan pronto me dirigía al baño y cerraba la puerta, tocaban y preguntaban: "¿Qué estás haciendo?" Yo siempre contestaba: "Nada", pero me molestaba que pese a ello siempre terminaban diciendo: "¡Pues apúrale!" Se me hace que ya sabían en lo que andaba y quizá por su culpa eyaculo tan rápido, porque a fin de cuentas tenía que hacerlo a toda velocidad, supuestamente para que no me sorprendieran. No recuerdo cuántos años se repitió esa escena, pero imagino que fueron bastantes.

Lo peor de todo es que no ha habido cambios y aunque me casé, lejos de mejorar; el problema ha empeorado; me siento mal porque ya no disfruto el sexo pues cada vez acabo más rápido. A veces ya ni me dan ganas de acercarme a mi mujer porque sé en qué terminará el asunto, y es que desde hace unos años me reclama…»

La carta es una excelente muestra representativa del problema más común de los hombres jóvenes.

Por eso, amigo, sácate esa mano del calzón.

¿En la adolescencia descubriste que tenías una potencia sexual asombrosa? ¿Ahora eres incapaz de reprimirla? ¿La obsesión sexual te acompaña cada día? ¿Sabes lo que se siente ver pornografía o encontrarte "casualmente" con algunos videos eróticos en Internet? ¿Tienes clara consciencia de la forma como te excita rozarle un pecho a una amiga o que una mujer te ponga un seno sobre la mano de forma inocente?

Sí, amigo. Estás perfectamente enterado de la reacción de

tu cuerpo cuando una mujer te deja ver su escote generoso o usa ropa demasiado entallada. En tu mente hay fantasías que a veces tú mismo alientas Después, buscas cualquier sanitario disponible y te autocomplaces.

¿Es inmoral? ¿Es sucio? ¿Te van a salir pelos en la mano? ¿Te irás al infierno por chaquetero? Las respuestas a estas preguntas son simples: No, no, no y no. Vives una etapa natural; el problema es la forma como abusas de ella. Si te sigues masturbando sólo la manera y con la frecuencia que lo menciona el testimonio del libro de Delfín Lara, terminarás exactamente igual. Será inevitable.

¿Qué tiene de malo?

Para ti nada, de momento, pero te convertirás en un hombre incapaz de satisfacer a tu esposa.

Tu subconsciente graba con cincel todas tus fantasías y experiencias sexuales mientras tu cuerpo genera actos reflejos.

Algún día tendrás que meter el resultado de esa actividad sexual en un cofre, le pondrás un moño y será el regalo más importante que le darás a esa mujer maravillosa con quien tanto soñaste.

Voy a ser llano contigo: Mientras más masturbaciones, cachondeos o relaciones sexuales tengas, siendo soltero, más disfuncional será tu respuesta íntima dentro del matrimonio.

¿Te estoy cerrando todas las opciones?

No es así.

Tu poder sexual puede ser transmutado.

Así lograrás las metas más increíbles.

Diversos estudios sociológicos han demostrado que los jóvenes deportistas, emprendedores y creativos (compositores, pintores, escultores, escritores, etc.), más destacados son aquellos que han aprendido a transmutar su energía sexual contenida desfogándola a través de actividades a las que han decidido entregarse.

La presión sexual interna de un joven sólo puede aliviarse de dos formas: mediante eyaculaciones a ultranza, o mediante prácticas deportivas y creativas realizadas con pasión.

Voy a hacerte una confidencia.

Yo me volví escritor como escape a las desilusiones afectivas que sufrí en mi adolescencia. Con los años se incrementó exponencialmente mi necesidad de tener relaciones íntimas. Manteniéndome firme en mi decisión de esperar, escribí mucho. Escribí a diario. Produje los cuentos y las novelas de amor que proyectaron los alcances de mi vida futura. También me volví deportista, llegué a ser parte del equipo olímpico de mi país y rompí récords panamericanos.

Iba en tercer año de la carrera profesional cuando me vi rodeado de amigos promiscuos. Ellos asistían a prostíbulos, tenían sexo con mujeres alquiladas y seducían a todas las jóvenes para acostarse con ellas. Luego las dejaban. Eran muchachos inteligentes, seguros de sí mismos y en apariencia, felices. Quise imitarlos. Entonces caí.

En el transcurso de dos años tuve cuatro encuentros sexuales con cuatro mujeres distintas. Las recuerdo muy bien porque cada una de ellas me produjo una cicatriz emocional diferente. En esos dos años dejé de escribir, mi autoestima se fue al suelo y perdí toda mi carrera deportiva.

Créeme, yo no te escribo esto para darte un sermón más. Sé perfectamente de lo que te hablo cuando te digo que, tanto puedes transmutar tu energía sexual para convertirte en un joven destacado, como puedes volverte promiscuo y hundirte hasta lo más profundo.

Un día comencé a salir con otra chica.

Ella era especial. No dejaba que la acariciara y mantenía una muralla de integridad frente a mí. Me enamoré de ella y nos casamos, pero los recuerdos de aquellas cuatro mujeres a las que me entregué antes, se interpusieron entre nosotros por mucho tiempo. Mi preciosa esposa pagó las consecuencias de errores que no cometió. Sólo con tiempo, trabajo y sinsabores limpiamos la basura que llevé a mi matrimonio.

Así que, amigo, te desafío a esperar.

Si te adelantas, te caerás. Aguarda el momento oportuno. Todo en tu vida será perfecto si lo haces a su tiempo.

Ahora transmuta tu energía sexual por honor y amor (anticipado) a la mujer con la que te casarás. Descuida. Esperarás sólo algunos años. Después llegará el momento de los dos y podrás hacer el amor con ella todos los días de tu vida. Sí, dije *todos* los días, si así quieren y pueden. ¿Te lo imaginas? Tú y ella se compenetrarán física, moral, mental y espiritualmente. Conocerás cada recoveco de su cuerpo y ella del tuyo; se entregarán a una pasión que crecerá poco a poco y no tendrá límites mientras sigan ciertas reglas (si quieres, puedes echar un vistazo al capítulo "Sólo para hombres casados" para conocer esas reglas).

Tu mundo sexual será el de ella y el de ella el tuyo. Juntos descubrirán un universo de sensaciones únicas, sólo de ustedes dos.

Cuando estés a punto de caer, imagina el símil de las dos hiedras:

Piensa que tu *actividad sexual* es como una pequeña hiedra que nació por sí sola en la tierra de tus hormonas. Todos los días se fortalece y pugna por crecer. Pero tú la podas. Aunque la mantienes sana y fuerte, no la dejas desarrollarse aún.

Muchos se ríen de ti. Te dicen que hacer eso no es natural. Sin embargo, tienes un plan razonado y eres más inteligente que la mayoría. Transmutas la energía de tu juventud realizando múltiples actividades creativas y deportivas en las que logras grandes metas. Por otro lado, tu futura esposa hace lo mismo con su pequeña planta de *actividad sexual*. La cuida, la poda y le da vitaminas, pero no le permite desarrollarse aún. A su vez también logra grandes metas.

Al fin tú y ella se conocen, se casan y deciden transplantar sus pequeñas hiedras a una jardinera propia. Como las raíces de ambas son sanas, las plantas se adaptan de inmediato, se entrelazan y comienzan a crecer juntas. Ha llegado su momento. En pocos años han cubierto todas las paredes de su casa.

¿Pudiste capturar la imagen?

Ahora ve este filme alternativo.

Como eres igual de bruto que la mayoría, dejas crecer tu planta de *actividad sexual* y no la podas nunca. La transplantas de maceta en maceta, se hace larga, correosa, y se llena de plagas. Machín y exigente, buscas a una mujer con una plantita bien podada. Se casan y transplantas tu enorme hiedra rígida llena de parásitos junto a la pequeña hiedra nueva, límpida y flexible de ella. Tu enorme planta tratará de enlazarse a la de tu esposa, pero sólo la asfixiará.

Poda tu planta ahora.

Tú tienes la capacidad para desarrollar una nueva forma de liderazgo. Puedes cambiar los esquemas. Conviértete en un ejemplo a imitar por otros jóvenes. Deja de ser el títere de incultos y promiscuos. Muestra una conducta distinta a la habitual, aún a riesgo de que te llamen fresa, geek, friki, teto, nerd o sangrón. Tú sabes que no eres nada de eso, y ellos a la larga reconocerán tu integridad.

Todos los errores que cometiste son reparables.

Así que deja de preocuparte por lo que hiciste ayer y comienza a determinar lo que vas a hacer mañana.

El pasado está muerto. Ya no existe. Deséchalo y comienza una nueva juventud.

Si no puedes contener tu planta de actividad sexual, sigue el más sabio de los consejos:

¡Cásate!

A pesar de lo que te hayan dicho quienes piensan al revés: *el matrimonio vale la pena.*

¿Fuiste testigo de divorcios? ¡Pues tú no vas a divorciarte! ¿Conoces familias disfuncionales? ¡La tuya será diferente!

Eres un joven preparado. Sabes tomar los buenos ejemplos y desechar los malos. No tengas temor a casarte. En la soltería jamás lograrás la madurez completa.

Mientras más embrolles tu vida sexual *ahora*, más te alejarás de un buen matrimonio.

Observa a los cantantes y artistas que, después de tener sexo ilimitado con cientos de personas, acaban por no casarse nunca. No es que no quieran. Es que *no pueden.* Su planta de actividad sexual es deforme, gigante y está plagada de parásitos.

¿De verdad te es imposible aguantar el deseo de acostarte con una mujer? Busca la definitiva. Si crees que tú y ella no están preparados para casarse, entiende esto: nadie está preparado para eso. Es una de las pocas cosas en la vida que deben hacerse aunque no se esté preparado del todo. Lograrás la madurez y felicidad conyugal sólo en compañía de tu esposa.

Yo me casé a los veintidós años; tengo veintidos de matrimonio (no hagas cuentas) y no me arrepiento ni un ápice de haber emprendido esa aventura. Ha sido más interesante que si me hubiera ido de expedición al Himalaya y más demandante que si hubiese cruzado el Atlántico en un kayak. Pero yo soy un hombre de retos.

Igual que tú.

Así que puedo reiterarte por última vez, para que jamás lo olvides:

El matrimonio vale la pena.

Sé que en los momentos de soledad y melancolía sueñas con tu compañera.

Por eso...

TE DESAFÍO:

A honrar a tu mujer definitiva desde ahora. A darle su lugar. A respetarla. A enaltecerla.

A descubrir y usar el extraordinario poder de la transmutación sexual para convertirte en deportista y creativo fuera de serie.

A aceptar que eres el líder que cambiará los esquemas y le enseñará a otros jóvenes que es posible ser feliz con integridad sexual.

A comprender y a vivir convencido de que el matrimonio vale la pena y que comienzas a forjarlo muchos años antes de casarte.

A no ser un hombre "fácil".

A ser un hombre cabal y honesto, como los que cada vez hay menos.

Esta mañana, al levantarme sabía que estaba a punto de enfrentar uno de los retos más importantes de mi vida: Escribirte a ti. Joven amiga:

Yo tenía diecinueve años cuando me enamoré de Beth.

La conocí en la inauguración de los juegos olímpicos universitarios. Desfiló en el contingente anfitrión. Los aficionados se pusieron de pie. El príncipe Carlos y la princesa Diana (¡ella todavía existía y eran esposos!), como invitados especiales, fueron enfocados por las cámaras y sus rostros se proyectaron en las pantallas gigantes. Varios aviones de la fuerza aérea hicieron acrobacias sobre el estadio. Había música y efectos especiales. La algarabía de la inauguración era escalofriante. Pero yo no estaba del todo concentrado. Espiaba a la hermosa chica del equipo canadiense.

Esa noche en la Villa Olímpica cené cerca de ella. Cuando se levantó a la barra de frutas, me apresuré a seguirla. A sus espaldas la medí. Era más baja de estatura que yo. No podía creerlo. Todas las atletas solían ser más altas. Tomó una manzana y se dio la vuelta. Chocó conmigo. Se disculpó. Fingí que me había golpeado en el estómago.

—¿Estás bien? —preguntó.

Asentí y me erguí despacio.

—¡Qué casualidad! —observé el broche de su chaqueta—, los dos somos ciclistas —le tendí la mano; me presenté.

—Gusto en conocerte —sonrió—. Mi nombre es Beth.

—¿Vives en Edmonton?

—No. En Calgary.

—¿Pero conoces esta ciudad?

—Más o menos.

—¿No te gustaría ser mi guía de turistas y salir a pasear un rato, mañana por la tarde?

Fue hasta ese momento cuando me miró realmente. Se dio cuenta de que la estaba cortejando tres minutos después de conocerla ¿Demasiado rápido? Sí, pero las circunstancias lo exigían. Los juegos sólo durarían dos semanas. Observé la belleza de sus ojos azules y la perfección de su hermosa cara. Era pecosa y de sonrisa angelical. Tardó en contestar. Cuando lo hizo, pasó la lengua por su labio superior como una niña que estuviese limpiándose los bigotes de chocolate.

—Búscame a las seis en la entrada de la Villa.

¿Qué significó su último gesto lingual? ¿Era una especie de señuelo erótico? ¿O mis hormonas hirvientes mi hicieron ver alucinaciones?

Esa noche no pude dormir. En la madrugada me levanté de la cama y fui a la mesita del cuarto. Encendí la luz. Mis compañeros en las literas estaban profundamente dormidos. No se inmutaron. Entones tomé mi libreta de apuntes con la que siempre viajaba y comencé a escribir:

Todos mis amigos se acuestan con mujeres. Yo no. Me consideran un bicho raro, pero ya me estoy cansando. ¡Necesito tanto encontrar a mi pareja!

Mañana voy a salir con una ciclista increíblemente hermosa.

Algo me dice que, al fin, podría tener una aventura sexual... Mi problema es que no estoy seguro de querer tenerla.

Toda mi juventud he soñado con la mujer ideal que será mi esposa y he esperado para ella. ¡Se parece demasiado a esta chica canadiense! ¿Qué tal si es ella? ¿Cómo saberlo? ¿De qué manera debo tratarla para no equivocarme?

El Cuervo preguntó desde su litera:

—¡*Escribano*! ¿Qué haces despierto?

—Escribo.

—¿Otra vez? Ya apaga esa cochina luz.

—Sí, Cuervo, pero quiero pedirte una opinión. Mañana tengo una cita, y no quiero *meter la pata*. Es decir, yo te he visto platicar con una desconocida e irte a acostar con ella media hora después, pero también te he visto hablar con otra y darte la vuelta diciendo: "Ésta es imposible, no voy a perder mi tiempo". ¿Cómo *sabes*?

El Cuervo se carcajeó de mí. Luego sintió piedad y dijo:

—Mira, *Escribano*, hay dos tipos de mujeres.

Y me dio su clasificación más preciada.

Era toda una imberbe filosofía de vida:

A) Las mujeres *explorables,* son las que pueden tocarse, manosearse, "explorarse". Fungen como maestras, entrenadoras y tutoras de los hombres jóvenes... Además de enseñarnos a ser mejores amantes, nos brindan un placer extraordinario.

B) Las mujeres *honorables* tienen un propósito diferente. Ellas nos enseñan a ser caballeros. No se dejan manosear ni se acuestan con hombres. Exigen ser respetadas. Por las mujeres honorables, los hombres nos volvemos románticos.

El Cuervo continuó:

—¡Tú lánzate a matar! Si la chava es explorable, aunque sea a regañadientes, te va a dar entrada. Sabe que nos vamos de aquí en pocos días. Ella se encargará de que todo suceda en ese tiempo. Tienes muchas posibilidades de ganar el *hit*. Casi todas las mujeres son así. Hay muy pocas honorables.

Las palabras del Cuervo me produjeron malestar. ¡Cuanta dicotomía! ¡Qué forma tan artera de clasificar en dos cajones cuadrados toda la complejidad humana! Pero a pesar de que el método para catalogar era rígido, también representaba el pensamiento popular de los hombres hacia las mujeres. Siempre había sido así y siempre lo sería.

Recordé la película de *Mi bella dama* inspirada en *Pigmalión*, de *Bernard Shaw;* aunque se usaba el mismo criterio de clasificación, al menos en ella se afirmaba una tesis diametralmente opuesta: "La diferencia entre una dama y una mujer de la calle estriba en la forma en que es tratada por los hombres". ¿A quién le iba a hacer caso?, ¿al Cuervo o a Bernard Shaw?

Tomé una decisión respecto a Beth.

La trataría como a una dama y se convertiría en eso.

Al día siguiente, por la tarde, ella estaba esperándome afuera de la villa olímpica. Subimos juntos a un autobús y fuimos al centro de la ciudad. Mi inglés no era muy bueno, pero pude darme a entender. Le dije cuánto anhelaba encontrar en una mujer el complemento para mi alma. Le conté de mi libro *Los ojos de mi princesa*, y de la forma como ella se parecía a la protagonista (al menos en los ojos). Caminamos tomados de la mano por los jardines de la ciudad. Tomó la iniciativa y me condujo a un sitio apartado, casi escondido. Ahí nos besamos. Me quejé de los mosquitos y ella comenzó a ahuyentarlos de mi cuerpo pasándome la mano por todos lados. Yo me negué a hacer lo mismo. Siempre la miré de frente. Le hablé en español al oído.

—He decidido tratarte como una mujer honorable. Quiero cuidarte, exaltarte, amarte.

—No te entiendo —respondió en inglés.

—¿Sabes por qué no te toco? —proseguí en su idioma—, porque algún día regresaré a Canadá y me casaré contigo.

Soltó una carcajada. Se puso de pie y dijo:

—Eres demasiado romántico y *tonto*. Que te vaya bien en tu país.

Se fue y no volví a verla. Algo se rompió en mi interior

¡Mi teoría estaba equivocada! También la de Bernard Shaw. El Cuervo tenía razón.

Las mujeres son *lo que ellas deciden ser*, independientemente del trato que reciban por parte de los hombres.

Todas tienen la opción de elegir. ¿Qué eliges ser tú?

En el avión de regreso, me sentí deprimido.

Nadie del equipo logró medallas deportivas, pero casi todos consiguieron premios sexuales. Yo no traía ni unos ni otros. Estaba confundido, enojado y triste.

Tomé mi libreta y escribí un párrafo parecido a este:

Los hombres tenemos una necesidad fisiológica inmensa, pero al mismo tiempo anhelamos, en lo más profundo de nuestro ser, hallar a una mujer especial a la que podamos amar de veras. Es desesperante no vislumbrar a ninguna alrededor.

Yo quise creer que aunque fuera en las Montañas Rocallosas existía una princesa por la que valía la pena luchar. Pero me equivoqué. ¡Estoy harto de equivocarme! No voy a volver a permitir que una mujer se burle de mí.

En cuanto regresé de aquel viaje comenzaron los peores dos años de mi vida. Dejé de escribir y mi carrera deportiva se fue a pique. Tuve cuatro aventuras sexuales con cuatro mujeres distintas que me produjeron un enorme vacío interior. Mi vida iba en picada.

Hasta que otra persona detuvo mi caída.

Se llamaba Ivonne. También tenía ojos inusitados; pero era muy distinta: segura de sí misma, ocupada, independiente, capaz de cancelarme las citas, difícil de impresionar, menos interesada en las cosas materiales y más en las charlas profundas. Nos hicimos novios y me pidió que la presentara con mi familia. Descubrimos que teníamos una atracción química fuera de serie. La química entre nosotros era explosiva. Cuando quise avanzar en el terreno sexual, ella *se fue*.

Puso tierra de por medio.

Aceptó la invitación de unos familiares que la llamaron para vivir en otro país.

¡Yo no lo podía creer! La llamé por teléfono y le pedí que regresara.

—Ardo en deseos de estar a tu lado —me contestó—, por eso mismo, no voy a volver, a menos que nos casemos.

—¡Vivamos en unión libre! —le propuse—, ¿para qué casarnos?

—No, amor. Jamás me convertiré en una más de tus "mujeres explorables".

Se me había olvidado que alguna vez le platiqué la teoría del Cuervo. De momento me enfurecí. Yo tenía veintidós años. No estaba preparado para contraer matrimonio. Quise olvidarla y sólo conseguí extrañarla más. Una semana después, la llamé de nuevo:

—De acuerdo. Eres la mujer con la que deseo casarme, pero *no ahora*. Ahorraré dinero y seré un profesionista exitoso; entonces te buscaré.

—Como tú quieras —contestó—, sólo te advierto una cosa: no te garantizo que estaré disponible. Hay un joven que está insistiendo en que salga con él. No podrás negarme el derecho de conocer a otras personas.

—Muy bien —le dije—, que tengas suerte.

Los siguientes días no dormí ni comí. Me la pasé encerrado. Una noche mi madre entró a verme.

—¿Qué te pasa, hijo? Me preocupas. ¡Mira las ojeras que tienes!

—Estoy bien.

—¿Tú amas a esa chica? —asentí—. ¡Pues cásate con ella ahora! Llámale por teléfono. Pídeselo.

Fue fácil convencerme. La llamé para pedirle que fuera mi esposa. Supuse que se volvería loca de alegría. Me equivoqué otra vez. No aceptó de inmediato.

Yo era un conquistador de grandes cimas. ¡Tenía que alcanzar ésta!

Después de veintidós años de matrimonio, mi esposa y yo nos reímos de aquellos días. Sigo admirando la estrategia que usó para erigirse ante mí como una joya preciosa. Fue muy inteligente. Si se hubiera quedado cerca, aceptando nuestras inminentes relaciones sexuales, se hubiera convertido simplemente en mi quinta mujer "explorable" y me hubiera cansado de ella.

Lo más extraordinario de esta historia es que fue ella la que me abrió los ojos a la vida sexual *honesta*.

Una mujer me dio el empujón final para caer. Otra me levantó.

Los hombres que te rodean siempre estarán dispuestos a tener sexo. Son débiles ante sus hormonas.

Así que te guste o no, tú pones la norma.

Cuida la forma en que te conduces frente a ellos. Vístete moderna y atractiva, pero no expongas tus atributos sexuales.

Despertar en un hombre su instinto carnal es fácil. Cualquiera lo hace. Lo difícil es despertar su sentido de caballero.

Para eso, se requiere una dama.

¿Recuerdas el cuento de la Bella y la Bestia? Ella (hermosa, digna y fuerte), hizo que él (bruto, impulsivo y medio animal), se erigiera, enamorado, dispuesto a todo por merecerla.

La película me conmovió hasta las lágrimas cuando la vi por primera vez, porque pude identificar a la perfección que yo mismo me había convertido en bestia y hubiera seguido así si no hubiese encontrado a mi Bella...

Conviértete en inspiración secreta de algunos hombres.

Una chica *honorable* (lista, elegante y segura de sí misma), propiciará que más de un hombre la admire y aprenda virtudes que había olvidado.

Los hombres pueden identificar a una mujer virtuosa entre las demás. Sé una de ellas.

Por supuesto, no todos te valorarán de momento. De hecho la mayoría de tus compañeros se enfadará contigo y te rechazará por "apretada". Mejor así.

Quien te desprecia porque pusiste barreras físicas, de todas formas estaba decidido a rechazarte después de haberte usado.

Ahora piensa que tu felicidad en la juventud realmente no depende de los hombres.

Tú eres una persona excepcional.

Tienes capacidades únicas. Visualiza muy bien tus planes. Traza un camino en tu mente. Planea tu vida presente y futura.

Puedes lograr cualquier objetivo que te propongas, siempre que comiences con un sueño por el que estés dispuesta a luchar. Imagina. Proyecta, y comprométete con la vida (no con los hombres frívolos).

También piensa en la forma en que todos tus anhelos cambiarían si quedas embarazada a destiempo o te enamoras de la persona equivocada.

Sé muy decidida, suspicaz, resuelta.

Prevé el peligro y evita, en lo posible, que alguien pueda abusar de ti.

Entiende esto. La mayoría de los hombres, cuando estén a solas contigo van a tener pensamientos fugaces de acariciar tu cuerpo y verte desnuda.

Observa al muchacho y analiza qué tan peligroso puede ser.

¿Es impulsivo, imprudente o rebelde? ¿No respeta reglas ni autoridades? ¿Toma alcohol en exceso o consume algún estimulante? ¿Su familia es disfuncional? ¿Tiene amigos de mala reputación?

No peques de ingenua y analiza las cosas fríamente. Tú puedes detectar el peligro a tiempo. Aún con alguien de confianza, sé precavida.

¿Llegaste a la conclusión de que el joven con quien sales sería incapaz de forzarte a hacer algo indeseado? Bien. Sólo recuerda que sigue siendo un hombre.

Él leerá las señales que le envíes, e interpretará tus gestos.

En tu "puerta sexual", tú pones un semáforo.

Estarás "en rojo" si al percibir el avance lento de las caricias, pones un alto con seriedad.

Estarás "en amarillo" si él te roza una pierna y tú pareces no notarlo. Si sientes cómo su mano libre se mueve despacio tocando tu cuerpo y le das algunas señales de rechazo leve, lo dejas replegarse para volver a comenzar.

Estarás "en verde" si tú misma lo rozas o acaricias donde quieres que él te toque. En el lenguaje tácito de las parejas, frotar el vientre de un hombre, significa que él puede acariciar el tuyo, besar su cuello, es una carta de permiso para que te bese igual, masajearle su pecho, le envía el mensaje de que puede tocar el tuyo.

No te dejes acariciar los senos.

Alguna vez escuché a una actriz declarar en televisión: "Los pechos son sólo una parte más del cuerpo femenino. No veo por qué se sobrevaloran tanto. Tienen una función fisiológica muy definida. Amamantar. ¿Qué hay de malo en dejar a alguien tocarlos o verlos? No son tan importantes".

Quizá a ti (igual que a esa actriz), tus pechos no te produzcan ningún interés. Los ves a diario en el espejo, sin embargo, para tu novio, contemplar una pequeña porción de ellos puede sacarlo de sí.

En la mentalidad masculina, existe una frontera femenina que debe franquearse cuando se incursiona en el terreno de las caricias genitales: los senos. Una vez que se traspasa, todo puede ocurrir. El hombre más ecuánime es proclive a excitarse de forma incontrolable si le permites acariciar tus senos.

A menos que tengas el deseo explícito de tener relaciones sexuales inmediatas, no permitas que tu novio atraviese esa frontera de tu sexualidad.

Elige ser virgen otra vez.

¿Te entregaste a un hombre en el pasado? Entonces es muy posible que ya sepas como se siente ser tratada como una mujer "explorable". *Te usaron y te dejaron.*

Cambia la tendencia de tu vida.

Vuelve a ser pura. No pienses en el ayer. Simplemente decide mudarte a otra categoría, *tú misma.* Comienza a comportarte como mujer *honorable.* La transformación verdadera ocurre siempre en la mente. Por eso...

TE DESAFÍO
A que vivas consciente de que tu necesidad

de amor no puede ser saciada por cualquier persona.

A aprender a esperar.

A no olvidar jamás que eres una princesa del Creador y que debes comportarte como tal.

Hola, soy hija de Carlos Cuauhtémoc.

Tengo dieciocho años y mi papá me pidió que escribiera algo para ti en este capítulo.

Lo hago con gusto porque soy como tú. Y hablar de noviazgo para nosotras es más un placer que una obligación.

¿Cómo estás? No te conozco, no sé que edad tienes, como te llamas, ni qué has vivido estos últimos años. Pero sé que por "algo" estamos hablando.

Como amigas, te confieso que hace poco me enamoré de un chavo. Por un tiempo me sentí emocionada y luego profundamente lastimada. Verme a solas me ha hecho madurar y reforzar mis convicciones.

Tal vez a ti también te ha pasado algo así.

Nos sentimos heridas en primera instancia porque somos demasiado idealistas.

Yo no creo en el amor a primera vista, pero sí en la "atracción" a primera vista. Es lo que nos confunde. La atracción, no es amor. Por eso debemos conocer al hombre que nos atrae, antes de decir que lo amamos. Debemos saber su forma de pensar, de hablar y de reaccionar; comunicarnos con él. ¿Tiene valores? ¿Cómo es su familia? ¿Cómo trata a sus padres?

Crea lazos intelectuales, no sexuales.

Sé selectiva con los muchachos, pero sin ser despectiva. Distingue lo peor y lo mejor de diferentes amigos. Así sabrás cuáles son las cualidades que deseas para tu pareja definitiva.

No caigas en el error de seducir al chavo que te gusta con sexo, porque entonces sí, seguramente te hará caso pero sólo para usar tu cuerpo.

Tengo amigas que se han entregado a hombres patanes que sólo querían jugar con ellas y fingieron pasión por unos cuantos meses.

Sólo la joven íntegra es segura de sí misma y escoge el bien. En cambio para la mujer ciega y débil, lo correcto le parece absurdo; lo cree locura; por eso el mundo se la come viva y la manipula con engaños.

Una mujer con valores e integridad es muy difícil de encontrar; son contadas las que pagan el precio de estar firmes y comprometidas a sus ideales. Tú puedes ser una chava con integridad.

Fíjate con quién andas y dónde te metes.

Si te la pasas en bares o antros, lo más seguro es que acabarás enamorada de alguien que encuentres ahí. Elige a tus amigas y los sitios que frecuentas, según sea el tipo de hombres que quieres atraer. No falles en esto. De nada te servirá tener las mejores intenciones si te la pasas en lugares equivocados, rodeada de gente equivocada. Incluso, la posibilidad de que encuentres a un hombre violento o que trate de abusar sexualmente de ti, depende del terreno en el que te desenvuelvas y del tipo de personas con quienes salgas.

Si ya tienes novio...

Recuerda que el mayor error del noviazgo es permitir que

toda tu vida gire en torno a él. Hay muchachas que dejan de convivir con su familia, dejan de estudiar, de hacer deporte y hasta su estado de ánimo depende de lo que pasa con su novio. Se vuelven dependientes de él y caen en una relación posesiva.

Si aún no tienes novio...

Comprende esta verdad fundamental: el primer y más importante requisito de un hombre para tu vida es que él te valore, te ame y te trate como una verdadera princesa.

Tengo una amiga muy capaz y de excelente familia que se enamoró de un muchacho. Él también estaba interesado en ella. Parecían el uno para el otro, pero alguien le hizo ver al joven que ella era demasiado sobresaliente y que estaba acostumbrada a una vida que él no iba a poder darle. Entonces el muchacho se retiró y dejó de buscarla. ¡Qué hombre ciego, mediocre y sin pantalones! No se atrevió a darlo todo por ella. Quizá no quería algo serio y duradero; quizá era orgulloso e inmaduro, o quizá simplemente era un cobarde.

Si el chavo que te gusta no está loco por ti y no está dispuesto a luchar por alcanzarte, eso significa que todavía no has hallado a la persona indicada.

Tranquila. Esa persona existe y llegará...

Yo tengo una libreta en la que escribo a veces notas para mi futuro esposo. Te recomiendo que lo hagas. Háblale por escrito. Aprende a disfrutar la soledad constructiva, segura de que conocerás a ese hombre tan especial algún día, y podrás entregarle tu cuerpo, tu vida, y el diario que escribiste para él antes de conocerlo.

Voy a compartirte una carta que le escribí a él en esa libreta. Es sólo una muestra de muchas otras que no te comparto porque, como entenderás, son para él.

Amor:

A veces me desespera no encontrarte. He vivido momentos en que lloro al darme cuenta que no eras tú el que estaba frente a mí. Ellos han fingido amarme, pero no han sido sinceros. Han querido mi corazón, pero no han hecho nada por tenerlo. Por eso te escribo.

Hoy en día se acostumbra tener novios como barnices de uñas, se han perdido los valores y la entrega por cultivar una relación integra. Lo importante para muchas es disfrutar el momento, subir su autoestima y satisfacer sus placeres... pero su ceguera, la mayoría de las veces, las convierte en mujeres totalmente vacías y lastimadas.

Quiero decirte que yo he decidido guardarme para ti y que el día que me case contigo sabré que todo mi esfuerzo valió la pena. Que no importa cuanto tiempo falte, aún así seré esa compañera fiel desde este momento. Sé que la lejanía nos está acercando cada vez más y que la soledad nos está preparando para hacer historia juntos.

Amor, una de mis grandes motivaciones en la vida es saber que algún día caminaremos como un solo ser cumpliendo el mismo sueño, que lucharemos hasta alcanzarlo y verlo hecho realidad.

Sólo te pido que tú puedas ofrecerme la misma integridad que yo voy a entregarte.

Atte. Tu futura esposa.

¿Conoces la definición de noviazgo?

De acuerdo al diccionario, el noviazgo es "una relación con propósito de matrimonio". En otras palabras, es un proyecto de vida, no para quitar tu aburrimiento, ni para subir tu estatus personal o social ni para que la niña solitaria tenga compañía. El noviazgo es una relación con visión a futuro.

No tengas novios como zapatos. Sé más inteligente que la mayoría.

Mientras llega el hombre adecuado a tu vida...

Sé feliz. Sé sociable, sal y diviértete sanamente. Ríete, arréglate, prepárate. Ponte moderna, usa la ropa que te gusta, goza la comida, (aún la chatarra), haz ejercicio, acaba la universidad, emprende un negocio, maneja un auto, sueña, viaja. ¡Vive apasionadamente! No necesitas un hombre en este momento. Tu felicidad no depende de que aquel chavo (que ni te pela), te invite a salir y después te quiera controlar. Se tú misma, y que nada ni nadie te limite a lograr lo que anhelas.

Cuando encuentres al hombre que esperabas, crezcan juntos, lucha en equipo con él para que ambos alcancen sus sueños. No se adelanten a cosas que van a vivir en el matrimonio. No tienen por qué tener sexo antes de casarse, ¿a poco te urge tanto? ¿O a él? ¿Y qué no tendrá agallas para esperar?

Por último, no puedo dejarte ir sin decirte...

Aquí entre nos, lo que realmente me ha ayudado a mí.

Hace cuatro años, estuve enferma física y psicológicamente. Tuve insomnio crónico, y tomaba pastillas para dormir. Mi familia siempre ha sido unida, mis padres son un matrimonio ejemplar, y siempre nos han apoyado a mis hermanos y a mí, pero nadie conocía mi vida secreta. Yo tenía un vacío interno; me aferré a los deportes extenuantes, y fingía estar bien a pesar de que lloraba todas las noches. Me sentía deprimida, desequilibrada, sin amigos y sin paz.

Fui a un campamento espiritual de jóvenes y, encontré a Dios. Por primera vez, el vacío de mi corazón se llenó; mis heridas se sanaron y mi mente se restauró. Volví a tener mi autoestima en alto, a tener amigos y a reír. No te puedo explicar lo que es mi vida ahora, pero ha sido un cambio radical. Dirijo un grupo de jóvenes en México, estoy estudiando la carrera de Administración de Negocios, canto, compongo música y pronto voy a grabar un disco con mi hermana.

Mujer, no sé cuál sea tu caso...

Pero si me lo dijeras no tendría otro consejo más sincero que darte. "Tú necesitas a Dios". No una religión, porque éstas son hechas por hombres. Necesitas a Dios. Necesitas su amor, sanidad, perdón y libertad. Tú puedes tener una vida diferente, sin importar tu pasado ni los errores graves que hayas cometido. Si lo buscas con humildad, él te sostendrá para siempre. Porque ninguna cosa vista, oída o pensada se compara con lo que Dios tiene para quienes lo aman. Él sí puede hacer cambios profundos y radicales en tu ser; las charlas de "motivación", no.

Te exhorto...

De todo corazón a que decidas algo nuevo hoy y ser íntegra.

Deja de quejarte por lo que no tienes y da gracias por lo que sí tienes; sonríe otra vez honestamente.

Deja de ver tus errores y ve los dones y talentos que puedes multiplicar para bien.

Espera sólo al hombre que sea digno de ti y con el que vayas a hacer tu vida para siempre.

Atrévete a ser diferente, a no dejarte llevar por el mundo y su vacío.

Ya no veas los problemas, sé tú misma, valórate, ámate, y atrévete a confiar en Aquél que tiene poder.

¡Tú decides! ¡Sí se puede ser diferente!

Me despido con un gran cariño.

Y sé que podremos platicar pronto de nuevo.

Sheccid.

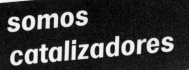

somos catalizadores

Giovanni quedó desempleado.

Fue despedido del hotel a las pocas semanas, sin derecho a indemnización.

También Lucero.

La misma persona que llamó por teléfono a Paloma de manera anónima, llamó al esposo de Lucero.

Siempre hay seres audaces (resentidos por viejas heridas y dispuestos a vengarse con el primer incauto) que no pasarán por alto la infidelidad ajena. Sobre todo si al publicarla obtienen algún provecho.

Giovanni decía de *Neto* (quien al menos no se llamaba *Bruto*, ji, ji, ji): "Es mi segundo de a bordo, pero no tiene iniciativa".

La tuvo para destruir a sus jefes.

Neto siempre fue un contador mediocre; sabía que si rodaban las cabezas de Giovanni y de Lucero, él quedaría al mando del hotel. Lo único que no midió fueron las consecuencias paralelas.

El esposo de Lucero le dio tal golpiza a Giovanni que casi lo mata. Destruyó buena parte de la suite en la que los encontró.

Giovanni y Lucero solían entrar a ese cuarto con tal premura que casi siempre olvidaban poner el seguro interior.

Giovanni estuvo casi un mes en el hospital.

Paloma volvió con él para ayudarlo a recuperarse. Tenía un Síndrome de Estocolmo tan agudo que ni el más avezado terapeuta pudo hacerla reaccionar.

El mundo está lleno de historias increíbles.

Como la de esa pareja.

Si alguna vez escribes la tuya (o un escritor la refiere), te desafío a que sea inspiradora; no lamentable.

Para eso, debes levantarte de tu silla y actuar.

No leíste este libro con el fin de entretenerte. Tampoco intentabas perder el tiempo. Así que desperézate y llévalo a la dimensión real, al plano verdadero, a los hechos diarios.

Tú y yo somos catalizadores.

En aquellas prácticas de laboratorio químico en la secundaria ¿te acuerdas? Mezclábamos dos sustancias para observar la reacción. Todos estábamos preparados. Teníamos pluma y papel a la mano. Un pie en el banquillo y otro en el suelo por si estallaba la mezcla o cobraba vida un horrible monstruo, y teníamos que salir corriendo. ¡Era interesante ser testigos de una transformación intrínseca de la materia y vivir para contarlo! Tragábamos saliva. Escogíamos al más desprevenido del equipo, lo hacíamos juntar las sustancias... y entonces... ¡no ocurría nada! Volvíamos la cabeza hacia todos lados para ver si en otra mesa se producía el fenómeno.

Los murmullos comenzaban a escucharse. ¡Eso era un fraude! ¿Qué había pasado? ¿Dónde estaba el error? El maestro sonreía con malicia. Sacaba un pequeño frasco de la bata blanca y lo levantaba.

—Les falta esto —decía—. Es el catalizador.

—¿El *qué*?

—Catalizador. Una sustancia especial que acelera la reacción. Su único papel es hacer que las cosas sucedan... Pasen el frasco de mesa en mesa y agreguen sólo unas gotas a su experimento.

Entonces sí. En cuanto aplicabas el catalizador, se producían burbujas, se desprendía humo maloliente y la materia cambiaba su naturaleza intrínseca...

El héroe del laboratorio era siempre el catalizador. A veces funcionaba al revés. Retardaba una reacción agresiva para evitar explosiones... Pero su ingerencia era, en el fondo, lo que producía la transformación.

Te tengo una noticia.

Tú y yo hemos hecho posible el prodigio de esta comunicación porque somos catalizadores. No nos gusta sólo soñar. Queremos actuar. Estamos cansados de oír buenas intenciones. Deseamos resultados. Así que dispongámonos a la acción.

Pero cuida los detalles diarios.

De nada te servirá evitar chaparrones si minimizas las lloviznas; a la larga tú y tu pareja se mojarán igual.

Expresa lo que te incomoda, préstate a la reconciliación, acepta disculpas y no hagas grandes dramas. Sé simple. Sé noble. Sé amable.

> —Cuida de no herir en el secreto a tu ser querido con minúsculos detalles (Φ).
>
> —Cuida de no actuar con venganza automática haciendo "insignificantes" comentarios pueriles (Λ).
>
> —Cuida de no guardar rencores tontos ni sobreactuar como mártir por cosas sencillas que suceden cada momento (Ξ).

Revisa tu entorno.

¿Conoces a alguien cuyas actitudes o vicios están causando daño a los demás? ¡Acelera la reacción y escríbele una carta en la que lo hagas sentir amado y le abras los ojos! Organiza a todos sus allegados para que hagan lo mismo.

¿Cerca de ti hay personas importantes que se la pasan peleando? ¡Acelera la reacción, cita a un especialista u ofrécete tú como moderador o moderadora! Arma una reunión.

¿Parte de tu familia hace mucho tiempo que no se reúne? ¿Y qué esperas? ¡Acelera la reacción y organiza la próxima fiesta!

¿Caíste en relaciones sexuales fuera de tiempo o lugar? Vamos. Tienes la inteligencia y el carácter para rectificar el rumbo de inmediato.

¿Tus vínculos afectivos están pasando por una crisis? ¿Y por qué sigues con los brazos cruzados? ¡Acelera la reacción y ve la oportunidad que hay en el dolor!

Te sorprenderás de tu capacidad para resolver problemas.

Sólo cuando actúes como catalizador del bien, des la pauta y produzcas reacciones positivas, sentirás que estás viviendo plenamente. Porque, ¿sabes?, ¡fuiste creado o creada para eso!

Pero no te desesperes.

El proceso de cambio es gradual.

Raras veces ocurre de la noche a la mañana. Tu meta es la convivencia rutinaria, los problemas pequeños, los detalles que ocurren *cada día*.

¿Deseas un matrimonio mejor? ¿Una vida sexual más feliz? Entonces trabaja poco a poco, sin parar. Provoca que las reacciones sucedan continuadas.

Tú eres catalizador *diariamente*. Sonríe, perdona, discúlpate, sé paciente, anima, sensibiliza, fortalece, ayuda, dignifica… *ama*.

Las cosas van a ser distintas en la vida de las personas que quieres, *porque existes tú*, porque tienen *tu* influencia, porque *estás ahí...*

También te recomiendo que invites a tu pareja a unirse a nuestro club.

Regálale un ejemplar de este libro.

Todo es más fácil cuando dos catalizadores trabajan juntos.

Pero el llamado inicial es para ti.

Aún si tu pareja hiciera oídos sordos o se negara a leer, todavía tú podrías hacer la diferencia y propiciar los cambios.

Pase lo que pase, no renuncies jamás a este llamado.

Haz que cosas mejores sucedan.

Que los sueños y deseos de tus seres amados se concreten.

Que las metas y objetivos de tu pareja se cumplan.

Que tu mundo sea mejor y la gente a tu lado sea más feliz, gracias a ti...

Hoy terminamos juntos un pequeño proyecto.

Tú leíste este libro y yo acabé de escribirlo.

Virtualmente lo hicimos al mismo tiempo.

Nos comunicamos en el mismo espacio y momento.

Pero este libro sólo es el principio.

Ambos tenemos mucho que hacer.

Yo voy a poner el PUNTO FINAL y tú cerrarás las tapas.

Al hacerlo quedamos comprometidos.

Ambos somos catalizadores.

Cosas extraordinarias van a suceder en nuestras vidas sexuales y afectivas a partir de ahora.

Te deseo lo mejor.

Ahora, vayamos a la acción ●

Esta obra se terminó de imprimir en Marzo de 2009
en los talleres de Gráficas Monte Albán S.A. de C.V.
ESD 2da-71-8-M-15-03-09

8178